BIG 4000 NEW WORDS
WORD SEARCH FOR ADULTS

200 LARGE PRINT PUZZLE

FREE Gift: BONUS PRINTABLE PUZZLES:
An invitation to Join My Email List

As a way to thank you for purchasing this book, we've included **54 BONUS Word Search Puzzles** (with Solutions) when you signup at the link below:-

https://joyofpuzzles.com/bonus

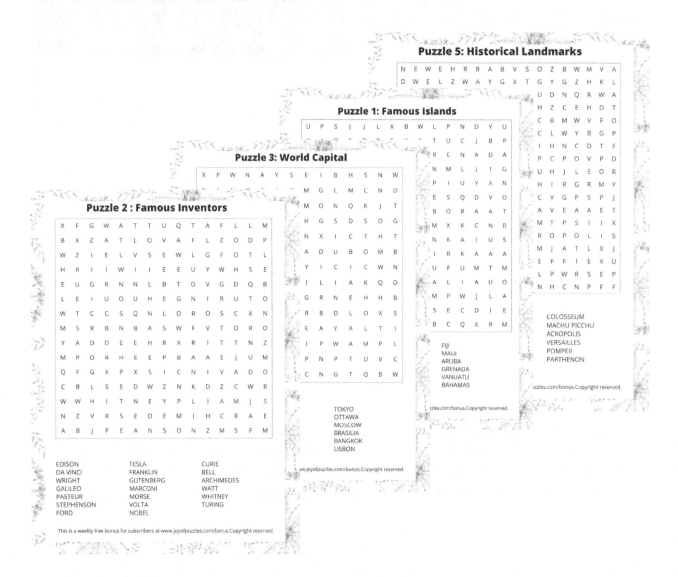

Puzzle 5: Historical Landmarks

```
N E W E H R B A B V S O Z B W M V A
D W E L Z W A Y G X T G Y G Z H K L
                        U D N Q R W A
                        H Z C E H D T
C B M W V F O
C L W Y B G P
I H N C D T F
P C P O V P D
U H J L E O R
H I R G R M Y
C V G P S P J
A V E A A E T
M T P S I I X
R O P O L I S
M J A T L X J
E F F I E X U
L P W R S E P
N H C N P F F
```

COLOSSEUM
MACHU PICCHU
ACROPOLIS
VERSAILLES
POMPEII
PARTHENON

Puzzle 1: Famous Islands

```
U P S J J L K B W L P N D Y U
                T U C J B P
                R E N A D A
                N M L J T G
                P I U Y A N
                E S Q D V O
                B O R A A T
                M X K C N R
                N K A I U S
                I R K A A A
                U F U M T M
                A L I A U O
                M P W J L A
                S E C D I E
                B C Q X R M
```

FIJI
MAUI
ARUBA
GRENADA
VANUATU
BAHAMAS

Puzzle 3: World Capital

```
X P W N A Y S E I B H S N W
M G L M C N D
M O N Q K J T
H G S D S O G
N X I C T H T
A D U B O M B
Y I C I C W N
I L I A K Q O
G R N E H H B
R B D L O X S
E A Y A L T I
I P W A M P L
P N P T U V C
C N G T Q B W
```

TOKYO
OTTAWA
MOSCOW
BRASILIA
BANGKOK
LISBON

Puzzle 2 : Famous Inventors

```
X F G W A T T U Q T A F L L M
B X Z A T L O V A F L Z O D P
W Z I E L V S E W L G F O T L
H R I I W I I E E U Y W H S E
E U G R N N L B T D V G D Q B
L E I U O U H E G N I R U T O
W T C C S Q N L O R O S C X N
M S R B N B A S W F V T O R O
Y A D D E E H R X R I T T N Z
M P O R H E E P B A A E J U M
Q F G X P X S I C N I V A D O
C B L S E D W Z N K D Z C W R
W W H I T N E Y P L I A M J S
N Z V R S E D E M I H C R A E
A B J F E A N S O N Z M S F M
```

EDISON   TESLA   CURIE
DA VINCI   FRANKLIN   BELL
WRIGHT   GUTENBERG   ARCHIMEDES
GALILEO   MARCONI   WATT
PASTEUR   MORSE   WHITNEY
STEPHENSON   VOLTA   TURING
FORD   NOBEL

Thank you for purchasing this book!

If you liked this book, please take a few seconds to leave a review on Amazon. Your review would really help our small business.

Our sole purpose is to exceed your expectations. If you don't mind taking two minutes to share your experience with other shoppers, it'll be a great help.

1. Detective Duo

- CLUE
- TRACE
- SLEUTH
- EVIDENT
- CRIMES
- SUSPECTS
- TRUTH
- SECRET
- DECEPTION
- HUNCH
- JUSTICE
- DEDUCE
- SPY
- QUESTION
- PARTNER
- WITNESS
- ALIBI
- GUILT
- INNOCENCE
- INFERENCE

```
I N F E R E N C E N R K Z K A
B C N E C N E C O N N I Q V N
V V U G J N E I Y Q E Y K L H
D R S S M I T C A T R A C E D
A E E L U P B J I S E M I R C
X L Y N E S O I Q T E R C E S
Y P Z C T U P J L H S S X I T
N P E N M R T E V A K U P B H
O D S M W K A H C Y I E J G E
I G Y T R I G P N T B V Y M C
T U H M R L T Q J X S I G P U
S I U T E U O N O I L D A B D
E L N R U U T R E R Q E N Y E
U T C W L X N H S Q N H S D
Q X H S C V G T K W S T I W C
```

2. World Capitals

- TOKYO
- PARIS
- LIMA
- OSLO
- CAIRO
- ROME
- BERN
- HAVANA
- BEIRUT
- DELHI
- ATHENS
- MADRID
- HANOI
- OTTAWA
- WARSAW
- RIYADH
- KIEV
- SOFIA
- DUBLIN
- OSLO

```
A B X X K A V O F B N M Q I P
Q D J U J H A T D H I W T Y Q
N R E B A M Q T D E L H I F S
G N L V V Y U A R W B H Z S B
J B A V E J K W V N U Z V P D
M N Q X N X I A F E D I Y G X
A J S O F I A O Y K O T Q N O
T U R I E B V Y N F M D Q V S
L N W H O M M K I A C I Y U L
X L A D R R O Q A B H R F Q O
Q X S A I Y S R P J X D B B I
K O R Y A V S I R A P A G W I
M L A I C S N E H T A M F U R
Z S W R D N F U H K L I M A L
N O P H I O I E I H O X G C P
```

3. Sports Stars

- ☐ MESSI
- ☐ RONALDO
- ☐ WOODS
- ☐ FEDERER
- ☐ LEBRON
- ☐ SERENA
- ☐ PHELPS
- ☐ BILES
- ☐ NADAL
- ☐ BOLT
- ☐ CURRY
- ☐ BRADY
- ☐ KOBE
- ☐ JETER
- ☐ HARPER
- ☐ RIPKEN
- ☐ GRETZKY
- ☐ ORR
- ☐ JORDAN
- ☐ ALI

```
I G R E T Z K Y F R C E U P A
Q R X G P I H R S K I U B B B
J F O W U Z O T A D G P R O C
O N G T P N L S J D O Y K R K
R H M W A Y B Y P N Q O Q E Y
D A A L N A J R L L V V W S N
A C D R K M T I A P E S H H Z
N O R E P C U W C D J H L W L
S J S R V E O R R E Y O P D I
R E Y E G T R L T M T A R U H
M R R D L N R E F Z P U L I T
E O Q E Z I R B W N W B E I L
S P M F N Z B R L A O E Y C U
S V N A D A L O C L W G O Q E
I J K G E W M N T H R A B Z M
```

4. Culinary Delights

- ☐ PASTA
- ☐ SOUP
- ☐ BREAD
- ☐ SUSHI
- ☐ SALAD
- ☐ CURRY
- ☐ PAELLA
- ☐ STEW
- ☐ FISH
- ☐ GRAVY
- ☐ BURGER
- ☐ PIZZA
- ☐ TACO
- ☐ CHEESE
- ☐ EGG
- ☐ CAKE
- ☐ PIE
- ☐ WINE
- ☐ TEA
- ☐ ALE

```
G F R F Z Y Q N E S A L A D B
Q E Y J V B B W E T S J L V M
H O S A R D U C D E G Y N C F
E Q R E J S S Y D A I Z B Q T
F G A V E K L H N T Z T F I Y
V D X B C H S E F S D S B R M
E Z A U D I C L E A Z O R X A
L P R R F I L H G P N U N F X
A K A G P H S T G S C P Y U W
W P J E T H I O N U C C A K E
O V I R T A D B N H G P Y K V
W C Q E H X S V I R I E N I W
E T A P W I U T G Z B I P C N
G I C T V R S F Z R M E J C J
I I X V I M P A E L L A Y B B
```

5. Musical Notes

- ☐ PITCH
- ☐ TONE
- ☐ BASS
- ☐ ALTO
- ☐ TREBLE
- ☐ STAFF
- ☐ CLEF
- ☐ BEAM
- ☐ REST
- ☐ SHARP
- ☐ FLAT
- ☐ SCALE
- ☐ OCTAVE
- ☐ CHORD
- ☐ MAJOR
- ☐ MINOR
- ☐ BEAT
- ☐ TEMPO
- ☐ RHYTHM
- ☐ NOTE

```
I T A E B F V O B O C T A V E
H R B O F G F O P M E T R P Y
M N W A N P C B G Z T F C L Q
E N T R Y A A T O N E S D C F
M S C M H S L I M Q R D D L W
N X M S S C P I F T A L F E J
V O K Q P P N L P Q N O X F H
F Z T M T O S B E A M Z L K F
D T P E R R H P B G N D M K C
T R R E S T E W S S H A R P O
X M A S U C V B A L T O M C U
M H T Y H R W Y L X L A U S R
E Z F O C V I Z N E J F B M B
E V R S C A L E O O H C T I P
O D D U D C Y K R N I Y M N T
```

6. Movie Magic

- ☐ ACTOR
- ☐ SCENE
- ☐ CAMERA
- ☐ SCRIPT
- ☐ DIRECTOR
- ☐ MAKEUP
- ☐ PRODUCER
- ☐ CINEMAS
- ☐ STUNT
- ☐ ACTION
- ☐ HORROR
- ☐ COMEDY
- ☐ THRILLER
- ☐ DRAMA
- ☐ ROMANCE
- ☐ OSCARS
- ☐ ANIMATION
- ☐ SEQUEL
- ☐ SOUNDTRACK
- ☐ PREMIERE

```
J C G Y H O J Z R J T U V G O
P R O D U C E R O C V J N S B
W U V M E Q I P T N Y C C B J
S X E Y E R N J C A M A R D U
C O S A L D J I E T R F Z I N
R B U R P E Y I R S L U C L O
I F Y N M S U X I J U P H X I
P Z W Q D X O Q D O S T U N T
T M P U A T M M E B Y R C R A
P R E M I E R E A S N O A W M
E C N A M O R A I T Q R M O I
T H R I L L E R C V T R E S N
T B C I N E M A S K Q O R W A
N O I T C A S C E N E H A J G
T B W F A C T O R M A K E U P
```

7. Literary Gems

- ☐ BOOK
- ☐ NOVEL
- ☐ POEM
- ☐ EPILOGUE
- ☐ PROLOGUE
- ☐ VERSE
- ☐ TALE
- ☐ FABLE
- ☐ DRAMA
- ☐ FICTION
- ☐ SAGA
- ☐ HYMN
- ☐ EPIC
- ☐ SCRIPT
- ☐ SONNET
- ☐ GENRE
- ☐ ODE
- ☐ PLOT
- ☐ LIMERICK
- ☐ BALLAD

```
R X R X M N Q T P I R C S G U
C B A L L A D B I B E D M N Y
C W V T T K R U O U J G T O V
E B M C I P E A G O V E A V E
B D U J S V Z O U P K N O E R
E D O E P I L O G U E R K L U
A I T X N O C K C I R E M I L
G Q V E R S E S R A T A L E A
A N D P H E R L D F Y B E A J
S O D G H X A E E T M Q Y Y N
I I P N T K M F A B L E J U J
O T E N N O S P L O T N V D D
K C M F B G U Y Q Q D R A M A
G I F Q N M G N M J M E O P F
D F D O S F R R N M Y H Q P U
```

8. Artistic Creations

- ☐ SKETCH
- ☐ MURAL
- ☐ CLAY
- ☐ CANVAS
- ☐ PAINT
- ☐ EASEL
- ☐ BRUSH
- ☐ COLOR
- ☐ INK
- ☐ LEAF
- ☐ DRAW
- ☐ PASTEL
- ☐ GESSO
- ☐ CHARCOAL
- ☐ ACRYLIC
- ☐ STENCIL
- ☐ PALLET
- ☐ COLLAGE
- ☐ SPRAY
- ☐ GLAZE

```
X S G B I B C M U R A L K R J
Z N A Y S S O H P C P P N U T
W A R D P U L S A U V G I X G
I Z B C G L L U I L L E S A E
R W S H O Q A R N F A E L F H
H N Q A D C G B T L E T S A P
C J M R P X E Z A L G L W C S
T V A C R Y L I C E I Y D W L
E Z D O T B S R I T C P G I W
K A N A Z E J N F Z Q S C M T
S I J L X D L C Z N P N G J O
S P R A Y Y O L P S E Q B S F
U Y V J H L X I A T B K S I D
Y A L C O I I Z S P I E H K J
F V S R C A N V A S G V O J F
```

9. Historical Events

- ☐ WAR
- ☐ PEACE
- ☐ CRUSADE
- ☐ PLAGUE
- ☐ UNION
- ☐ TREATY
- ☐ COUP
- ☐ GOLD RUSH
- ☐ VOTE
- ☐ DRAFT
- ☐ SLAVERY
- ☐ ANNEXATION
- ☐ EXODUS
- ☐ INAUGURATION
- ☐ PROHIBITION
- ☐ IMPEACHMENT
- ☐ DEPRESSION
- ☐ HIROSHIMA
- ☐ ELECTION
- ☐ KATRINA

```
K B T N U X J S U J P E G A E
S C C F O L E Z U U C X V Y D
J M P H T I F L O D D O T T A
O S A E A G T C E E O P G A S
S R N V A D Y A P C U X A E U
N O I N U C R R X H T G E R R
K W R A Z H E A P E W I A T C
G P T Z Z S V V F Y N V O L W
O P A T S A A O P T Y N T N P
L Z K I O I L T W A R P A G Q
D D O A L L S E J L J L R R B
R N U T N E M H C A E P M I J
U E S H I R O S H I M A X Q O
S U P I N A U G U R A T I O N
H W D P R O H I B I T I O N Q
```

10. Natural Wonders

- ☐ GLACIER
- ☐ VOLCANO
- ☐ CANYON
- ☐ PRAIRIE
- ☐ FOREST
- ☐ MARSH
- ☐ REEF
- ☐ GULF
- ☐ MOUNTAIN
- ☐ RIVER
- ☐ WATERFALL
- ☐ TUNDRA
- ☐ CAVE
- ☐ JUNGLE
- ☐ PLATEAU
- ☐ DESERT
- ☐ VALLEY
- ☐ FJORD
- ☐ WETLAND
- ☐ PLATEAU

```
R H B Q M E H T T H S R A M T
T G M D I J Z M U U Y Q N R Q
S C L S G N R L R N E X E U F
E A E J L I F M E X D S K H E
R V O I A W J F E T E R B B B
O E U M C A O L F D D Y A P E
F R A Z I T R U P R A I R I E
R V E C E E D G Y Y Y E C M Z
I O T A R R Y E L L A V D O T
V L A N J F F I H N N N C U C
E C L Y V A U A E T A L P N V
R A P O L L P F Q L K I U T O
K N R N A L N M T P S D G A F
K O J U N G L E J I U L N I U
J A M O N Y W K H D D P L N I
```

11. Science Discoveries

- ☐ ATOM
- ☐ OXYGEN
- ☐ GRAVITY
- ☐ NEUTRON
- ☐ QUARK
- ☐ VACCINE
- ☐ PHOTON
- ☐ ISOTOPE
- ☐ DNA
- ☐ COSMOS
- ☐ FOSSIL
- ☐ NEUTRINO
- ☐ PLASMID
- ☐ HIGGS
- ☐ GENOME
- ☐ PULSAR
- ☐ QUASAR
- ☐ ENERGY
- ☐ CLONING
- ☐ VIRUS

```
L N E N E R G Y X O F C K N U
G Y E D E P A F S O Q T X Z N
Y T J U L E O S S E W U W H T
Y S E V T Z E S L G A E A X C
T A V H Z R I Q O U E P Q R W
I D N A U L I T Z V P O Y G K
V Q B M A A S N A A Y T N R M
A N G Y J T Q A O C V O L S A
R N E U T R O N W C I S N Q D
G L K U P H K M N I R I U N A
G E N O M E I B O N U A T O T
G N I N O L C G Y E S F X T S
C O S M O S G I G A W E N O E
U O X Y G E N M R S K Q U H A
D I M S A L P V J A Y B T P N
```

12. Technological Marvels

- ☐ ROBOT
- ☐ DRONE
- ☐ INTERNET
- ☐ WIFI
- ☐ GOOGLE
- ☐ IPHONE
- ☐ TESLA
- ☐ RADEON
- ☐ NETFLIX
- ☐ BLUETOOTH
- ☐ FACEBOOK
- ☐ SPACEX
- ☐ AMAZON
- ☐ INSTAGRAM
- ☐ SNAPCHAT
- ☐ MICROSOFT
- ☐ QUADCOPTER
- ☐ TELEPORT
- ☐ OCULUS
- ☐ ANDROID

```
X L T T R E T P O C D A U Q D
D Y E L G O O G I U B S S I N
X X N T M K I A F E A E Q C R
A E R A F I T A H C P A N S A
M C E N U O C H K K K P U I D
A A T D U E S T M Q N C W R E
Z P N R B A G O A O W G E D O
O S I O T Y S O R H X X P E N
N K O I E U V T G C W Q N X Y
F K G D L I E E A K I O J I A
I T N U E Y N U T F R M T L G
K F C X P S O L S D Z O S F U
Q O I S O I H B N U B E P T D
X M Z W R J P M I O T M N E U
E Z M D T R I I R V N H R N M
```

13. Space Odyssey

- ☐ SPACE
- ☐ STAR
- ☐ MOON
- ☐ MARS
- ☐ PROBE
- ☐ COMET
- ☐ GALAXY
- ☐ EARTH
- ☐ ORBIT
- ☐ ROCKET
- ☐ ALIEN
- ☐ VENUS
- ☐ PLUTO
- ☐ METEOR
- ☐ NEBULA
- ☐ URANUS
- ☐ SATURN
- ☐ JUPITER
- ☐ DWARF
- ☐ COSMOS

```
C L K N U X H T R A E L A J E
H H Y E E J U P I T E R R R C
Q H P I U C O V M O M N W I A
R S K L P A L U B E N G Z D P
Z S A A Q A E Q I R S P L H S
J O O T I M D V A O R B I T W
B C T M U V E E M A R S P A N
P X Y U S R B T G B D I Y O R
A Y B S L O N A E T P C O Y D
M K V F R P C Y E O A M G C W
F T M P R O X K O D R E N Y A
B D G K G A C O S T A R K R R
U G L H L O S U N A R U K V F
K T D A R V E N U S Q K T U O
Q W G B I Q Q J T E M O C D W
```

14. Mystery Madness

- ☐ CLUE
- ☐ SLEUTH
- ☐ ALIBI
- ☐ RIDDLE
- ☐ SPY
- ☐ PLOT
- ☐ SECRET
- ☐ ENIGMA
- ☐ CIPHER
- ☐ MASK
- ☐ WHODUNIT
- ☐ WITNESS
- ☐ VEIL
- ☐ INCOGNITO
- ☐ FRAUD
- ☐ PUZZLE
- ☐ STEALTH
- ☐ DECEIT
- ☐ UNKNOWN
- ☐ SHADOW

```
O U O E A M E P M J K L K Y O
V N T X L L K U E B G S P V G
C K I C S Z I U R N A C L U E
R N N J A E Z B T M I G J V Q
G O G O D M C U I R U G T Q T
G W O K I I M R P R U S M Y K
E N C U T E D J E O T T D A U
M G N S P Y M H S T P E U D C
C X I P J H P P L O T A A H J
L D E C E I T W E E N L R V V
R M J F C O B I U C O T F E C
M C E P S X H M T E D H I D H
F S S E N T I W H K W L L Q C
T I N U D O H W E L D D R C U
W O D A H S J W Z Q O W G K H
```

15. Adventure Quest

- [ ] MAP
- [ ] TREASURE
- [ ] QUEST
- [ ] SILVER
- [ ] SWORD
- [ ] TRAVEL
- [ ] COMPASS
- [ ] GOLD
- [ ] ISLAND
- [ ] PIRATE
- [ ] OCEAN
- [ ] JUNGLE
- [ ] CAVE
- [ ] TORCH
- [ ] SAILING
- [ ] CAPTAIN
- [ ] SHIP
- [ ] MYSTERIES
- [ ] EXPEDITION
- [ ] ADVENTURE

```
J C L G O L D U O T X U Q Z A
G G N I L I A S S C M R G R F
E D R O W S Q E Z R E H N E H
X S X S U N U L H O O A E V R
P S H M E Q R B J P N T N L E
E E T T R A V E L I B E T I G
D I B A U R C A V E G R E S N
I R G J T Z A Z L J Q U T N H
T E J L N N H C R O T S A I C
I T U K E W P F E O E A R A H
O S N J V D N A L S I E I T D
N Y G N D J O J W Z O R P P M
K M L P A I P A Y H H T M A R
P Z E Z G A I R R X F D B C W
P I H S M M S S A P M O C N Z
```

16. Romance Realm

- [ ] LOVE
- [ ] HEARTS
- [ ] DATE
- [ ] KISS
- [ ] HUG
- [ ] CANDY
- [ ] CUPID
- [ ] ROSE
- [ ] RING
- [ ] SWEET
- [ ] FLIRT
- [ ] CRUSH
- [ ] LACE
- [ ] SONG
- [ ] POEM
- [ ] DATE
- [ ] GIFT
- [ ] WINE
- [ ] DANCE
- [ ] CHARM

```
Y L D A T E T I Y G S S A P H
O Q F T S Q T J L Z M H A N S
E G R H S U R C S T R A E H Y
N W F Y K S R O S E Y D N A C
B P V S S W Y D S W O S M K C
M N I I S R G I F T T O A L E
E T K F U F C M A B B N K J C
R U R L C U A N M V U G K L A
M B I I C T D Q V F L X Z X L
W E A R E T A D N U M D C Q U
D D O T V D A N C E S H H U K
N R E P O G E R Q T A E N I W
H H T X L A S I W R T E E W S
L G U F X T V N M U G U N S A
S D P G I X Q G C U P I D U Z
```

17. Fantasy Frenzy

- ☐ ELF
- ☐ MAGIC
- ☐ WIZARD
- ☐ SPELL
- ☐ FAIRY
- ☐ WITCH
- ☐ DRAGON
- ☐ GHOST
- ☐ OGRE
- ☐ NYMPH
- ☐ PIXIE
- ☐ PRINCE
- ☐ CASTLE
- ☐ CROWN
- ☐ WAND
- ☐ TALE
- ☐ ARMOR
- ☐ QUEST
- ☐ UNICORN
- ☐ GNOME

```
M X Z W N T E D N W K E N T E
M L S A S V W L S Y R W D I I
N K O O A W Q Z A G C Z X G E
R Q H L C H V D O T D I A L B
W G Q B E E M O N G P R T A X
A E K H L T K V T L E S R K P
I N C G F X W I N M A M V U G
Y O B N H P M Y N C O O U V B
L M W J I X D W F R S I P K X
F H A S W R U N I C O R N R N
Q W D G F I P O D O T S E U Q
V C T M I S T S V A Y W A N D
C R O W N C K C S L L E P S N
G K K K R E Z Y H D R A G O N
C W I Z A R D Y P Y R I A F Z
```

18. Thriller Time

- ☐ MYSTERY
- ☐ SUSPENSE
- ☐ TENSION
- ☐ FEAR
- ☐ HOMICIDE
- ☐ CRIME
- ☐ VICTIM
- ☐ CLUES
- ☐ SECRETS
- ☐ DANGER
- ☐ DETECTIVES
- ☐ PLOT
- ☐ THRILL
- ☐ CHILLS
- ☐ KILLER
- ☐ PSYCHO
- ☐ SPY
- ☐ INTRIGUE
- ☐ SHOCK
- ☐ HORROR

```
O H C Y S P Q P R S N E E S X
R O R R O H S D S Y G Z Y U I
U G R J C E S A S L E O P S N
O B F R C E K N E L I H S P T
U K I R U R O G D I W D W E R
G M E L K I U E I R T N A N I
E T C O M M W R C H W B R S G
S M Y S T E R Y I T T A N E U
D W W E N O N S M P E K O K E
M I T C I V E I O F L S I U P
N J S L L I H C H W H V L S J L
T K Y W P K C O H S L F N D O
Z B P J N G N R N E U J E I T
O J N U X P K B R I U Z T C A
B S D E T E C T I V E S Z T Y
```

19. Animal Kingdom

- ☐ LION
- ☐ TIGER
- ☐ BEAR
- ☐ ZEBRA
- ☐ GIRAFFE
- ☐ MONKEY
- ☐ ELEPHANT
- ☐ KANGAROO
- ☐ BISON
- ☐ OSTRICH
- ☐ RABBIT
- ☐ HIPPO
- ☐ WOLF
- ☐ HYENA
- ☐ CHEETAH
- ☐ ANTELOPE
- ☐ PENGUIN
- ☐ JAGUAR
- ☐ RHINO
- ☐ OTTER

```
A A R S N B I S O N Q Y K H R
R T L A N I E C R U E C W O S
B N O I B B U W H K U Q A P P
E A C P O B C G N A M N B F R
Z H I T V M I O N O T V X H E
K P T N H Z M T P E X E I R K
V E M D F I G C L F P N E W T
R L F L C K P O D W O L F H A
H E R F O Y P P L H Y E N A C
Z U V I A E O B O J A G U A R
Q O E V C R H W R E G I T Y F
N T B E A R I P O S T R I C H
L O W G Z Z M G C A L K U D C
V K I Q M S P A E P E P O B A
R E F L L X H K A N G A R O O
```

20. Fairy Tale Fun

- ☐ MAGIC
- ☐ FAIRY
- ☐ TALE
- ☐ CASTLE
- ☐ WITCH
- ☐ WAND
- ☐ SPELL
- ☐ DWARF
- ☐ OGRE
- ☐ DRAGON
- ☐ CHARM
- ☐ PIXIE
- ☐ TROLL
- ☐ KNIGHT
- ☐ CROWN
- ☐ QUEEN
- ☐ PRINCE
- ☐ MERMAID
- ☐ POTION
- ☐ STORY

```
U N D N D R A G O N M R A H C
T O B E L Y D K Z L F O H G W
N I V E P I X I E W X P D T J
E T S U R R X J I T H G I N K
O O L Q C Z I T N C H J E Y T
E P P L Y Y C N R H L L E P S
F W E W O H I O C J S G U X W
X M L C A R W L Q E G L Y B K
O E T E P N T O D I Z X Y F C
H R S C R I D F W Y R V O N W
M M A I Y G E L A T Q P F R G
B A C L V T O Y R N V C A F K
J I G T X W K L F N E M I V N
S D D I U U S T O R Y R R Y C
T M X Z C X B X M C M E Y U H
```

21. Mythical Beasts

- ☐ SPHINX
- ☐ GRIFFIN
- ☐ DRAGON
- ☐ HYDRA
- ☐ MINOTAUR
- ☐ CENTAUR
- ☐ PHOENIX
- ☐ UNICORN
- ☐ WEREWOLF
- ☐ MERMAID
- ☐ YETI
- ☐ CYCLOPS
- ☐ PEGASUS
- ☐ LEVIATHAN
- ☐ WEREWOLF
- ☐ CHIMERA
- ☐ HARPY
- ☐ KRAKEN
- ☐ BANSHEE
- ☐ SIREN

```
A D E C W X A Q Y Y C B S R B
D A O N N I X I P J D B P U O
O B Y I N B K Z R V I A O A L
K G H U O R K N A X A N L T U
I P I J A R H N H G M S C O M
S Y I K D R A G O N R H Y N K
V W E R E W O L F S E E C I K
H N A H T A I V E L M E G M N
B Y K S Y E S C H I M E R A Q
S A D W F U E W E R E W O L F
I N W R S H M S N N R S Z P Z
R S G A A B V M P T T Y O A S
E Z G P H O E N I X E A Z G N
N E N R O C I N U T Z V U Z P
P N I F F I R G I S I M L R C
```

22. Superhero Saga

- ☐ BATMAN
- ☐ IRONMAN
- ☐ THOR
- ☐ HULK
- ☐ SPIDERMAN
- ☐ ANTMAN
- ☐ FLASH
- ☐ SUPERMAN
- ☐ CYCLOPS
- ☐ WOLVERINE
- ☐ DAREDEVIL
- ☐ AQUAMAN
- ☐ NIGHTWING
- ☐ HAWKEYE
- ☐ DEADPOOL
- ☐ BLACKWIDOW
- ☐ GREENLANTERN
- ☐ VENOM
- ☐ MYSTIQUE
- ☐ DARKSEID

```
M D D A R E D E V I L K W M Z
Q D I M Y S T I Q U E W P D M
U A M E W X N A M R E P U S M
Z W S A S Q P Q M E R V A H M
Y T H G W K U T H O R E E A S
Z X M O R O R Q A A Y N S W P
T W F X F Q L A D Q Y O G K O
K L U H Y H V V D U U M F E L
A N A M N O R I E U Z A C Y C
L O O P D A E D J R H R M E Y
W O D I W K C A L B I S J A C
E O N A M R E D I P S N A F N
G R E E N L A N T E R N E L H
A N T M A N B A T M A N W Z F
A K F C A R N I G H T W I N G
```

23. Legendary Lore

- ☐ MYTH
- ☐ EPIC
- ☐ HERO
- ☐ FABLE
- ☐ SAGA
- ☐ ORACLE
- ☐ LEGEND
- ☐ LORE
- ☐ BARD
- ☐ RUNE
- ☐ TALE
- ☐ SCROLL
- ☐ QUEST
- ☐ GRAIL
- ☐ SIREN
- ☐ HYDRA
- ☐ SPHINX
- ☐ NYMPH
- ☐ HADES
- ☐ TITAN

```
J P X O H X T E L A T J A B T
Y V I X N I H P S F E H C U M
S M X L Q Y I H Y U N L W H T
O W W C J L E I S L U A O W J
B F P L K U F M C J R H T R U
Y N H C I P E O R A C L E I E
D Y T L D A G Q O Y P V P D T
U M Y A K Y R M L D X Q P N D
G P M Q H O K G L S A G A E L
D H J X A N T I M A A Q O R Z
P N T K D Y D V G R F U R I T
Q G E F E B A R D H A E E S F
E M H G S C O Y T R B S H R S
M X S V E H H A C C L T H R U
B V E B E L U U J K E P J I D
```

24. Folklore Tales

- ☐ JINNI
- ☐ LEGEND
- ☐ FAIRY
- ☐ TALE
- ☐ LORE
- ☐ SAGA
- ☐ ELF
- ☐ WITCH
- ☐ OGRE
- ☐ GHOST
- ☐ EPIC
- ☐ FABLE
- ☐ BARD
- ☐ RUNE
- ☐ SEER
- ☐ SPRITE
- ☐ MYTH
- ☐ MYSTIC
- ☐ DRUID
- ☐ GNOME

```
P U E F D Q E P I C E R G O D
P K R W I P L Y E T I R P S F
V S O K U E Z R V M U S W T M
Y E L P R L C I M K Y L R S Y
R M M H D B K A A Y N T Y V S
F B T O C A F F J G H G H C T
M O S L N F G D I H A B E Q I
F R O F A G R S F S Y S N R C
E C H E L J I N N I U W U F D
L D G P T E Q B A R D Q R N K
Q I A A V W A L P I F E E F U
T W Y E N I W J H R L G C E Y
R R F U Z T T O K A E Z V A S
Q S J S M C C W T L W Y A D J
N Z C X H H J T N D C R E E S
```

25. Supernatural Secrets

GHOST
CHARM
HEX
MYSTIC
SPIRIT
POTION
WRAITH
EERIE
SPOOK
OMEN
SEANCE
TALISMAN
SPECTER
RITUAL
CURSE
ORB
PHANTOM
HAUNT
VEIL
ENIGMA

```
W C J C M B M N R U X O X E O
R E A M G I N E J E K C M Z U
A I K S P I R I T D T A K E E
I R Q M M R A H C Z F C O H N
T E C Y A T X W V S G N E A W
H E B S T U O E D E B I C P G
H J D T U M G P H A N T O M S
T I Q I X N S D G N M F K T E
A A H C O S D W B C C E S G T
R J L I M F A P Q E D S H H N
H Z T I S S P O O K W R E O U
Y O L L S L A U T I R U X S A
P P M P I M P O I T V C G T H
O D K Y B E A B R J D K I B B
U X W K X D V N M B D E G R W
```

26. Paranormal Puzzle

ORB
SPIRIT
EERIE
CRYPT
PHANTOM
HAUNT
POLTERGEIST
SPOOK
BANSHEE
OUIJA
SPECTER
APPARITION
CURSE
SEANCE
MEDIUM
GHOST
WITCH
DEMON
ENTITY
CHILLS

```
P O L T E R G E I S T M Z I W
R T Y N V E A H T W U M W H B
M G L A T L S P J I T P V V C
C O A A Z Y R R D T Y P N A W
E E R I E W U E U E C N A E S
D N O K S I M K G C Z M F Y A
Y P N S M T X E D R T Y T T P
W N H Y B C S P I R I T P I P
N Q X A A H Z X Y T I T N E A
R L W F N C R Y P T E O C K R
V C B V S T B K O O P S R B I
K Y G A H L O H A U N T K B T
R E T C E P S M C H I L L S I
J C W K E U A J I U O S X U O
U X D E M O N L T S O H G V N
```

27. Time Travel Trek

- [ ] FUTURE
- [ ] PAST
- [ ] PORTAL
- [ ] QUANTUM
- [ ] HISTORY
- [ ] TIMELINE
- [ ] MACHINE
- [ ] VOYAGE
- [ ] WARP
- [ ] TARDIS
- [ ] DELOREAN
- [ ] EINSTEIN
- [ ] TIMEHOP
- [ ] PARADOX
- [ ] RELATIVITY
- [ ] H.G WELLS
- [ ] DIMENSION
- [ ] STEAMPUNK
- [ ] TRAVELER
- [ ] AGELESS

```
K M U W P R A W E R U T U F R
T R A J X V O Y A G E H R X U
D Y T C M W S Y H I S T O R Y
Q Y I S H N P I C T A O C K V
A T M L U I J T R K S R X T A
T I E L P S N A C C N A U S L
R V H E O I V E U H G K P T N
A I O W R D X O D A R A P E I
V T P G T R L T H K U N B A E
E A S H A A V D R H N X N M T
L L I E L T C T G P D S Y P S
E E D I M E N S I O N O K U N
R R C Q U A N T U M N Q F N I
T V D K P D E L O R E A N K E
E N I L E M I T A G E L E S S
```

28. Ancient Mysteries

- [ ] SPHINX
- [ ] PYRAMIDS
- [ ] STONEHENGE
- [ ] PUMA PUNKU
- [ ] ATLANTIS
- [ ] NAZCA
- [ ] TEOTIHUACAN
- [ ] SUMERIANS
- [ ] ORACLE
- [ ] DRUIDS
- [ ] CRYPTS
- [ ] ARK
- [ ] ROSETTA
- [ ] MAYA
- [ ] OBELISK
- [ ] RUNE
- [ ] ZIGGURAT
- [ ] GLYPHS
- [ ] PETRA
- [ ] ISHTAR

```
J P A N B N A S N X N I H P S
K R J O H X J T T B E J E L T
P Y R A M I D S T P Q U O O A
U U E E T Y R K A E Y N V O R
K H D Y P A Y G H J S R J S U
N V J U T D N A Z C A O C N G
U F W H S X D U V X G V R A G
P A S E N U R F A J W T P I I
A I O R A C L E R M A Y A R Z
M A P R V S T Q K G D O K E D
U Y E E G N E H E N O T S M R
P E T H L S S H P Y L G F U U
A A R Z X S I T N A L T A S I
G N A W T A R K S I L E B O D
B H N A C A U H I T O E T X S
```

29. Medieval Marvels

CASTLE
CHIVALRY
KNIGHT
HERALD
GOBLET
SCEPTER
JOUST
TEMPLAR
TOWER
FRIAR
FIEF
CLOAK
BARON
DAME
FEUDAL
CLERGY
SERF
PLAGUE
ABBEY
MINSTREL

```
C X C G F R H P J K Q I A F Q
F E I F E U G A L P H Z N C R
R Y Z W G O B L E T P Z E L E
T N O Q F Z H Q X E E J F O T
D T R Z M I N S T R E L M A P
I W A T H G I N K Q H M C K E
X J I H N Y P C B V C C A F C
A Y R D G T I S P B Q H C D S
D T F R S T S U O J D I V V K
D L E Z A I C I I W H V S L C
K L A F D Q W F V V Y A E A A
C E L R C K R T T U A L R D S
F J E F E T E M P L A R F U T
L R E Y B H Y E B B A Y U E L
T D N O R A B R Q G L X N F E
```

30. Renaissance Revival

ARCHITECTURE
FLORENCE
ARTWORK
PAINTING
DAVINCI
MEDICI
HUMANISM
SONNET
BOTTICELLI
GALILEO
PROJECTING
DOME
COMPARE
PERSPECTIVE
MICHELANGELO
BRUNELLESCHI
SCULPTURE
FRESCO
RAFAEL
LITERATURE

```
H E M I C H E L A N G E L O J
K C V E R U T P L U C S Z B L
R N L I A H R A F A E L L O I
O E S C T P A I N T I N G T T
W R O N O C D N C M Z O Q T E
T O N I E A E O O I J P J I R
R L N V L K J P C E D E A C A
A F E A I X A W S L K E C E T
N U T D L K C H E R J D M L U
C O M P A R E M R D E P L L R
V J S Z G M Z J F Q U P D I E
E X J L O Y Y H U M A N I S M
D J B D G N I T C E J O R P L
E R U T C E T I H C R A D V B
I H C S E L L E N U R B B Z S
```

31. Industrial Era

☐ FACTORY
☐ IRON
☐ COAL
☐ LOOM
☐ MILL
☐ MACHINE
☐ RAIL
☐ STEAM
☐ TELEGRAPH
☐ GROWTH
☐ PUMP
☐ ENGINE
☐ TRADE
☐ LOCOMOTIVE
☐ SPINDLE
☐ COGS
☐ COTTON
☐ DRILLS
☐ WORKER
☐ WIRES

```
I  I  S  S  G  O  C  O  M  O  O  L  U  T  N
U  Z  N  N  H  P  A  R  G  E  L  E  T  Q  S
E  U  L  S  Y  F  P  L  H  E  W  Y  O  M  L
Z  E  I  L  R  Z  V  O  N  G  O  S  D  V  L
S  H  E  N  O  R  I  I  S  P  R  W  P  Q  I
Z  X  Q  L  T  C  H  G  M  F  K  N  D  T  R
Q  U  I  U  C  C  O  D  C  E  E  V  T  R  D
W  A  C  O  A  L  S  M  P  O  R  J  M  A  U
R  R  G  M  F  T  U  W  O  U  T  K  V  D  L
N  H  Z  Q  T  W  R  I  E  T  M  T  Y  E  R
V  H  T  W  O  R  G  R  T  N  I  P  O  R  C
L  S  P  I  N  D  L  E  S  X  G  V  M  N  L
X  Z  Q  X  O  I  Z  S  F  K  V  I  E  Y  T
E  V  W  M  A  E  T  S  Q  U  L  A  N  W  R
E  B  H  N  W  C  A  Z  S  L  J  I  Z  E  I
```

32. World War Chronicles

☐ ALLIES
☐ AXIS
☐ WAR
☐ HITLER
☐ TANKS
☐ NAVY
☐ PEARL
☐ CHURCHILL
☐ BATTLE
☐ BLITZ
☐ TROOPS
☐ SOLDIERS
☐ ESPIONAGE
☐ SIEGE
☐ NORMANDY
☐ PACIFIC
☐ VICTORY
☐ INVASION
☐ RESISTANCE
☐ COMBAT

```
T  G  Q  L  L  T  E  D  C  I  F  I  C  A  P
E  N  J  R  A  Z  W  S  R  E  I  D  L  O  S
M  T  A  B  C  W  O  E  P  M  U  T  W  V  U
W  E  M  V  A  R  E  L  T  I  H  H  K  X  F
P  O  C  R  Y  S  I  E  G  E  O  Q  B  A  R
C  S  R  Y  D  N  A  M  R  O  N  N  K  C  R
N  Q  E  K  Y  T  E  L  T  T  A  B  A  O  O
O  A  S  Q  E  S  L  T  A  N  K  S  F  G  Y
I  F  I  Y  M  I  T  K  S  Q  C  H  M  W  E
S  T  S  G  B  X  O  I  Z  E  T  J  A  W  O
A  B  T  W  Z  A  I  G  V  I  C  T  O  R  Y
V  T  A  F  C  Y  S  G  S  E  I  L  L  A  W
N  R  N  O  Z  T  I  L  B  T  R  O  O  P  S
I  G  C  H  A  C  H  U  R  C  H  I  L  L  T
Z  K  E  E  O  E  N  M  A  S  R  Z  R  V  Y
```

33. Cold War Conundrum

- [ ] SOVIET
- [ ] UNION
- [ ] ARMS
- [ ] RACE
- [ ] USA
- [ ] SPY
- [ ] KGB
- [ ] CIA
- [ ] MISSILE
- [ ] BERLIN
- [ ] WALL
- [ ] CUBA
- [ ] CRISIS
- [ ] USSR
- [ ] NATO
- [ ] STALIN
- [ ] TRUMAN
- [ ] CONFLICT
- [ ] COLD
- [ ] WAR

```
Q P K Q A A U A O R J B A R A
A A G I Z F I P H A G S H E C
D B C Y B K C S V P U C X N O
R T R U M A N N T N O I N U N
X A N P U V Z A Y A G M X B F
F C B U S I S T J O L P I C L
M W E T S B N O H H W I F C I
Y C R S R M P C E U Z A N M C
B H L O C U B A D L O C R B T
S G I V A W S Y P T Y P S D B
F N N I I E A O L D U N I G R
R A K E Z Y S L R A C E K N S
D X J T C O B B L C R I S I S
U Q S I O R O B W K U I B Q B
A S M R A M E L I S S I M E J
```

34. Egyptian Enigma

- [ ] NILE
- [ ] PYRAMIDS
- [ ] SPHINX
- [ ] PHARAOH
- [ ] PAPYRUS
- [ ] MUMMY
- [ ] HYKSOS
- [ ] ROSETTA
- [ ] HORUS
- [ ] ISIS
- [ ] RA
- [ ] SETH
- [ ] KARNAK
- [ ] THEBES
- [ ] OBELISK
- [ ] CAIRO
- [ ] ASWAN
- [ ] LUXOR
- [ ] NEFERTITI
- [ ] OSIRIS

```
F H R O B E L I S K Q T U H F
J T O P Y R A M I D S I S I S
B E S S R Q A L N Z K S M A G
L S E C O O R I A C J E U T S
P N T K H G V Y K G Y B M N I
T E T A O X N I H P S E M X D
P F A R R S O S K Y H H Y A H
L E P N U T A J I B C T N S C
A R Q A S R H O A R A H W N
Y T I K P R N O Y V X B F A B
K I L Q A Y L S S N I L E N D
R T S Q W V R S V I S C F A S
P I C E U I T U T A R E V U B
F R O X U L O C S J J I P T W
I Z V K J T W U D Q K T S V E
```

35. Greek Odyssey

- [ ] TROY
- [ ] HOMER
- [ ] ODYSSEY
- [ ] EPIC
- [ ] HERO
- [ ] ITHACA
- [ ] HELEN
- [ ] TELEMACHUS
- [ ] PENELOPE
- [ ] ZEUS
- [ ] ATHENA
- [ ] CYCLOPS
- [ ] TROJAN
- [ ] AEGIS
- [ ] CIRCE
- [ ] SIRENS
- [ ] ORACLE
- [ ] MYTH
- [ ] NYMPH
- [ ] POSEIDON

```
O D U X Q C C Z C T A H O J V
P O Y C V N I Y Y V E Q R D S
X U K M P P R C W L G E A C U
N O B U A O C E E O I M C N H
O S E Q V E E N T U S V L E C
D C G S H T Y M E S K F E Z A
Y M E A N E H T A U M K A W M
S P E S B E P O L E N E P Z E
S O T X N Y M P H Z Y H V Y L
E S R U K J D L T D O O H W E
Y E O U R E M O H H R O S C T
E I J V V J R P A C T A R B C
P D A N S P O L C Y C V Z E Y
I O N T E V M A G I W J B Z H
C N S N E R I S L I T H A C A
```

36. Roman Riddles

- [ ] EMPIRE
- [ ] CAESARS
- [ ] GLADIATORS
- [ ] ORACLE
- [ ] PRAETOR
- [ ] LEGION
- [ ] SENATE
- [ ] ROME
- [ ] AUGUSTUS
- [ ] JULIUS
- [ ] VIRGIL
- [ ] OMEN
- [ ] COLOSSEUM
- [ ] FORUM
- [ ] VESTA
- [ ] AQUEDUCT
- [ ] VENUS
- [ ] APOLLO
- [ ] JUPITER
- [ ] MINERVA

```
N W E R F G L A D I A T O R S
T K O Q C M M A J V L F D B R
F M C O M U B I U L E G I O N
E S R A S E A C Z G M S H I J
L L I T A S C G Y Q U A T E F
P M Y O Q S G L R K V S W A B
O Z S R U O E M U R O F T O T
C I N A E L R N J J U L I U S
S X W C D O I J Z F U S G E S
G E N L U C P B M I N E R V A
N Z N E C M M N C O U W I B L
M I W A T L E E P S U N E V F
J D P D T N U M P R A E T O R
I S C Z A E Q O R E T I P U J
Y E R V I R G I L O L L O P A
```

37. Viking Voyage

- [ ] SHIP
- [ ] AXE
- [ ] SAIL
- [ ] RAID
- [ ] ODIN
- [ ] THOR
- [ ] HELM
- [ ] LOOT
- [ ] MEAD
- [ ] RUNE
- [ ] JARL
- [ ] SAGA
- [ ] FJORD
- [ ] LONGSHIP
- [ ] BERSERKER
- [ ] SKALD
- [ ] SHIELD
- [ ] VALHALLA
- [ ] VIKING
- [ ] VINLAND

```
C M C E U W C T L I A S N E V
B C E F J G T K H L R A J A T
G V T J G H P X T O N O L O O
R K L O N G S H I P R H O K M
A N C R V H U U N F A L Q R A
I P M D Z Q V I N L A N D W O
D Z P E K Q D Y L R O B H J A
M O I Q A O G A H E M L E H S
E N U R D D S E O K Z J B M Y
E Q D S Q I Z X B R F O Y E T
L S H I E L D A X E M U L H H
F W Z K T X V Y I S O P N Y R
T Y X P S A G A S R S N D C
H D Y S U B E X U E D L A K S
F V I K I N G T I B R P I H S
```

38. Samurai Showdown

- [ ] DUEL
- [ ] WARRIOR
- [ ] HONOR
- [ ] BLADE
- [ ] FIGHT
- [ ] KATANA
- [ ] BUSHIDO
- [ ] SHOGUN
- [ ] NINJA
- [ ] BOW
- [ ] JAPAN
- [ ] ARMOR
- [ ] CLAN
- [ ] CODE
- [ ] DOJO
- [ ] MASTER
- [ ] RONIN
- [ ] SWORD
- [ ] ZEN
- [ ] ASIA

```
J A P A N E D O C V B O Z Y B
H I I F T T L B C R Z O G R N
N G O J H Q E W R L C E W B F
K L X F G Y U R K A T A N A N
V A J F I P D O E J B G J I L
X J L Y F T D R H T M Y N Q V
S N O W F I V Z O B S O X O W
A I C X H W H N N L R A D G H
A N C S E L A E O A Y S M L S
R K U P O J O D R D R O W S H
U B Q E Q C P N A E G A S V E
G N U G O H S R H N I B D C K
Q K E X N R M G O S R H C L N
E W L L V O D G A D W B Q A T
T J I G R O I R R A W T X N K
```

39. Knight's Quest

- [ ] SWORD
- [ ] KNIGHT
- [ ] QUEST
- [ ] ARMOR
- [ ] HORSE
- [ ] CASTLE
- [ ] SHIELD
- [ ] BATTLE
- [ ] KINGDOM
- [ ] COURAGE
- [ ] SQUIRE
- [ ] CHIVALRY
- [ ] MAIDEN
- [ ] DRAGON
- [ ] CROWN
- [ ] THRONE
- [ ] CHARGER
- [ ] DAGGER
- [ ] HERALD
- [ ] PRINCE

```
T K N I G H T U X N E A P S Q
B S F T Y K G I C R O W N C E
U D R A G O N E G A R U O C C
D M B H O R S E E Y X D T U N
L D A G G E R I U Q S R H E I
E R E G Y V T T J G I O R Q R
I Q L R K A W N S E F W O L P
H U T E A R M O R E Z S N H Y
S Q S G H J F E B I U K E R M
B N A R T E P W Z A S Q L A O
J J C A U U R H J Y T A K H D
T W I H G H I A V T V T D Y G
N N H C A U N I L I H T L O N
B U N E D I A M H D K I W E I
E V L Q M P I C F B M I Z E K
```

40. Pirate Plunder

- [ ] BOOTY
- [ ] MAP
- [ ] ANCHOR
- [ ] GOLD
- [ ] COINS
- [ ] CHEST
- [ ] JEWELS
- [ ] PIRATES
- [ ] SHIP
- [ ] HOOK
- [ ] DAGGER
- [ ] CANNON
- [ ] RUM
- [ ] RAID
- [ ] PLANK
- [ ] SKULL
- [ ] CROSSBONES
- [ ] SPYGLASS
- [ ] BOUNTY
- [ ] ISLAND

```
Q D N A L S I K Y Y S H I P Y
Y G L S T X F N K D V T E N Y
S S M N T U S A I A A F J X O
P E V I O M V L H L O G C C G
Y N L O O A R P E O Z V G H Z
G O A C J J C U Y I O P H E I
L B B O O T Y A Z I P K T S R
A S A P A K B O U N T Y K T X
S S N G G C U W S M T Y Y V P
S O C C O U S L E W E J X J A
W R H M A L L L U K S A V T X
G C O A X N D O D N C R A I D
X V R P L N Q U O Y M S X O
M J H E J R L O T F U C Z P W
P S E T A R I P N R F Q N Q J
```

41. Wild West Whodunit

- ☐ SHERIFF
- ☐ OUTLAW
- ☐ SALOON
- ☐ GUNSHOT
- ☐ RANCHER
- ☐ DEPUTY
- ☐ LASSO
- ☐ POSTERS
- ☐ GUNFIGHT
- ☐ CATTLE
- ☐ SCRAPBOOK
- ☐ COWBOY
- ☐ RUSTLER
- ☐ GOLDMINE
- ☐ STAGECOACH
- ☐ BANDANA
- ☐ SPURS
- ☐ SHOWDOWN
- ☐ HORSES
- ☐ DESERT

```
Y G U N S H O T F Z U T F P T
W N O K D P O S T E R S F O N
T H G I F N U G N S M Z F C W
R E L T S U R A T P Q X I K O
I F K O U T L A W U T L R O D
S M Z Q C G O L P R V D E O W
C T F D Z A D N E S E N H B O
O J A P M E T H Q P M E S P H
W T D G S E C T U P Z T B A S
B X H E E N B T L B X U A R N
O J R Z A C Y U D E U F N C O
Y T H R A Y O O S H I Z D S O
S E S R O H P A M O S S A L L
E N I M D L O G C J A K N R A
S G A H H J R N Q H D N A T S
```

42. Ninja Nonsense

- ☐ NINJA
- ☐ STEALTH
- ☐ KATANA
- ☐ SHURIKEN
- ☐ SENSEI
- ☐ DOJO
- ☐ SUSHI
- ☐ KUNAI
- ☐ GI
- ☐ TABI
- ☐ SHADOW
- ☐ NINJA-STAR
- ☐ SMOKE-BOMB
- ☐ SCROLLS
- ☐ RANK
- ☐ SHINOBI
- ☐ CLAN
- ☐ SPARRING
- ☐ SAKURA
- ☐ NINJA-CODE

```
X S V N N U H T L A E T S W I
S L L O R C S I H A C S D A P
B I B A T R H K O J V L N C H
M S N M Q S I M D N M U A L K
O H O Z U A E Z G I K E N N K
B I Y S W P S O I N Y G I N N
E N U S O E N Z Z H N G N R A
K O A L A M E G W I N S J E R
O B N P B K S Y R D K U A G K
M I A C Y V U R V O I O C E T
S B T W P H A R H J S J O N Q
F X A V Z P Y I A O C M D H A
I V K R S D E G K L F D E E Y
S S H U R I K E N S H A D O W
M S K J G F N I N J A S T A R
```

43. Explorer Expedition

- [ ] MAP
- [ ] GUIDE
- [ ] SCOUT
- [ ] TRAIL
- [ ] TREK
- [ ] CAMP
- [ ] QUEST
- [ ] JOURNEY
- [ ] RATIONS
- [ ] FLASK
- [ ] PROBE
- [ ] SAFARI
- [ ] TERRAIN
- [ ] GLOBE
- [ ] VISTA
- [ ] BORDER
- [ ] ATLAS
- [ ] COMPASS
- [ ] ADVENTURE
- [ ] VOYAGE

```
K X V I S T A K S A L F R Z P
E F M G E O E R Q K Q E K W L
R B V P S P M R A S O M A J I
T I S G L O B E U T Q J Z Q A
W R V J M J I B N T I U T E R
O A P U E B O R P I N O E J T
M F B A Y I G L M S A E N S S
R A O S M E D I U G A R V S T
X S R P S E M N F C M L R D P
W U D X F A Y T P V U O T E A
G S E B N Z P M U C O L D A T
V D R F Q E A M U O Y Y F Q I
S H Q X Y C D F O P C E A I T
W E O D U Z S K E C R S V G D
A R Y E N R U O J K A M I U E
```

44. Inventor's Innovation

- [ ] EDISON
- [ ] TESLA
- [ ] LIGHTBULB
- [ ] AUTOMATON
- [ ] MOTOR
- [ ] BATTERY
- [ ] PROPELLER
- [ ] CAMERA
- [ ] PHONOGRAPH
- [ ] SUBMARINE
- [ ] COMPUTER
- [ ] TELEVISION
- [ ] RADAR
- [ ] SPACESHIP
- [ ] TELEPHONE
- [ ] BICYCLE
- [ ] ROBOT
- [ ] SATELLITE
- [ ] TRANSFORMER
- [ ] MICROSCOPE

```
S L S R E T U P M O C D R E Z
A I R S E D I S O N U T E L E
T G O U P A H U A O R Q M C J
E H B B I O P Y L T E P R Y P
L T O M H G A D S Q L U O C N
L B T A S O R A E I L V F I O
I U P R E Y G Q T I E X S B I
T L M I C R O S C O P E N N S
E B B N A Q N Y A H O T A R I
P T N E P L O E R H R Q R A V
W D Q P S M H A U E P X T D E
C A M E R A P A V R T M T A L
S U E N O H P E L E T T E R E
F U O R R O T O M X B P A S T
O A U T O M A T O N Q A A B W
```

45. Scientific Study

ATOM
CELL
DATA
GENE
IRON
LAB
MASS
NODE
ORBIT
PHASE
QUARK
RATIO
SCALE
TEST
UNIT
VOLT
WAVE
X-RAY
YIELD
ZINC

```
L T M E Q C I R O T W G F E B
U L A N U Y C J D Q S S A M G
Y R E B A L N O R I H E R K G
X K F C Z L I N B Q H S T E T
H I B L C W Q U A R K V O I I
E F A K L D D F F Y V G N Q H
X R A Y H L Y W A F E U Q M N
L D Q J F E V H F N O I T A R
C N I Z N I O K E V W Y S T E
E P A E H Y V R L B W C Z J F
K T O R B I T X G J A W A V E
A W L B P A N Q E L P W A D S
K L U O L T O J E S A H P A F
R V Q P V O D I F P L E I T J
W X Z C R M E D M V B R P A N
```

46. Artistic Adventure

PAINT
CANVAS
BRUSH
SKETCH
SCULPTURE
GALLERY
EASEL
INK
PASTEL
WATERCOLOR
ACRYLIC
OIL
PALETTE
MURAL
ETCHING
DOODLE
FRAME
DRAW
GLAZE
BLEND

```
W F X I R J E L D O O D A L H
E M A R F O J K A N W A Z H S
C U A C Y Z L E T T E L A P U
L I O C I U D O S P X L M F R
S B S E F L P T C I A K B U B
C Y P S C E Y M N R K I E X H
U E Z A L G R R B H E R N C G
L L T O M L Z S C N Z T T T V
P A G N I H C T E A D E A Y S
T R C P E F K D S O K N E W E
U U G A L L E R Y S E I V U A
R M Q S N G S O Z V E T A Y S
E M B T I V H W K B Q W Y E
F T J E N F A T U W A R D Z L
M U N L K B L S S R V T A Y A
```

47. Musical Mastery

- ☐ MELODY
- ☐ HARMONY
- ☐ RHYTHM
- ☐ TEMPO
- ☐ LYRICS
- ☐ NOTES
- ☐ BEATS
- ☐ CHORDS
- ☐ TUNES
- ☐ PITCH
- ☐ AUDIO
- ☐ VOICE
- ☐ KEYS
- ☐ SOUND
- ☐ SINGER
- ☐ BAND
- ☐ ALBUM
- ☐ MUSIC
- ☐ SONG
- ☐ TRACK

```
Y S P K A S R S A L B U M L S
Q O Q W A Y G X D R F T A C H
Y U M H N E R O H R J V R R P
Z N B W B K I Y N C O F T E E
M D E K R D T C A A S H F G B
U K C H U H M B A N D T C N U
S A I A M X E S E N U T V I E
I E O T O P M E T L Y B F S Z
C B V R V T P T V M D S L O Q
K E F A Y S L P S C I R Y L H
P A Z C N E H C T I P E G W F
A T Y K W T S H A R M O N Y X
A S M E L O D Y H G J M O C E
G D L G X N D U H F K N S Z W
T P E I B R V Z N P V Y U G R
```

48. Writer's Wordsmith

- ☐ DRAFT
- ☐ PROOFREAD
- ☐ EDIT
- ☐ SCRIBE
- ☐ VERSE
- ☐ PLOT
- ☐ GENRE
- ☐ THEME
- ☐ QUILL
- ☐ VERSE
- ☐ PROSE
- ☐ RHYME
- ☐ HAIKU
- ☐ SONNET
- ☐ NOVEL
- ☐ QUOTE
- ☐ TEXT
- ☐ DRAFT
- ☐ SCRIPT
- ☐ POEM

```
J J R F J B T F A R D G R N T
A P Z T P I R C S E R H N O U
V A Q P R O S E F Z Y I L W W
Z V E R S E N V L M T P X D E
Q M W H A I K U E X E F D A M
K C E W Q T I F V Z X Z Z E E
Z Q S O N N E T O N T N Y R H
O C K H P T I P N S S K N F T
L E T O U Q F N R S C O D O Q
Q L C K V T P A R E R C S O L
F A I E S R E V R E I I W R F
M A W U I N M P D D B W N P S
S I D B Q Q R I V J E I W F R
T J X U H P T W K R B Q H E R
R V C E N O I B G E N R E W I
```

49. Actor's Affair

- [ ] FAME
- [ ] DRAMA
- [ ] STAGE
- [ ] SCRIPT
- [ ] AWARD
- [ ] ROLE
- [ ] CINEMA
- [ ] DIRECTOR
- [ ] MAKEUP
- [ ] REHEARSAL
- [ ] SCREEN
- [ ] STUNT
- [ ] PREMIERE
- [ ] CASTING
- [ ] ENCORE
- [ ] DEBUT
- [ ] GENRE
- [ ] TRAILER
- [ ] COMEDY
- [ ] THRILLER

```
S F O K J M D P D S P P R A B
Y C I N E M A Y R M A E O T T
I B Q R I X B N A K H E T N M
R E L I A R T E M E Y O U P S
L T Y E M A F E A C S T E S C
D M D R A W A R D B S L V B J
I S E O N V S C V S O I C K X
R Q M C Z A B S O R F M A G I
E B O N L Y V T U B E D S E G
C Q C E T H R I L L E R T N B
T E R E I M E R P L I N I R F
O K H V Q V Z G U P Z E N E N
R P I B D O Q Z A S J E G W F
P U E K A M K A N T F P L I H
F I Q I A T P I R C S O H U Z
```

50. Athlete's Arena

- [ ] RUN
- [ ] JUMP
- [ ] SWIM
- [ ] SKI
- [ ] THROW
- [ ] CATCH
- [ ] RACE
- [ ] BIKE
- [ ] LIFT
- [ ] DIVE
- [ ] SHOT
- [ ] ROW
- [ ] PUCK
- [ ] BALL
- [ ] NET
- [ ] BAT
- [ ] GOAL
- [ ] RINK
- [ ] RING
- [ ] TRACK

```
U I A V H C T A C J K P T D V
E V G L P J Y L Y R E C U R T
O B F O A N A X I C A T A C J
L C S S S R T N A K E D O R K
J E C D O E U R R A J Y I H T
G I Z W N R D B S V D I V E S
L S C L M V V T I G N D L U S
L I W A Q F S W B K T T N W I
O L L O X N K N O A E R I O R
R A A G B G I S B R G M R G Z
P Y I B I P Y K P A H G I F A
C L S A P H F N P K G T N A V
P Y I M E G B I O M C E G C C
P Q U F P D K R F S Q W X H H
Q J M Z T R S W Q I A G E A Z
```

51. Olympian Odyssey

- [ ] RACE
- [ ] MEDAL
- [ ] GOLD
- [ ] TORCH
- [ ] SWIM
- [ ] TRACK
- [ ] GYMNAST
- [ ] JUMP
- [ ] RELAY
- [ ] COACH
- [ ] RUN
- [ ] HEAT
- [ ] VAULT
- [ ] THROW
- [ ] BOX
- [ ] WREST
- [ ] PACE
- [ ] SHOT
- [ ] CYCLE
- [ ] SKI

```
K P R J U A V F D C K S Y E E
B U Y K V Z A R J X H L E Y K
N J Y A Y I U T U Z H T O E C
K B X E L R L O K N Z A T C A
T K G X X E T H O W H O W F R
S C C O E N R S L W R E S T T
A H H B Q T A E H H R A C E F
N U K C C L E P A R S N R I Z
M X G Y R P M U J R W P A C E
Y B C N H O M J C O H A L I L
G L N M B D T F R C N L X K A
E M C U L G J H A R F R W S X
D U I O X N T O M E D A L G F
V M G W L Y C A E X D T Z Z R
D Y L F S B U H W C A I J H P
```

52. Space Explorer

- [ ] MARS
- [ ] STAR
- [ ] COMET
- [ ] SPACE
- [ ] ORBIT
- [ ] ALIEN
- [ ] LUNAR
- [ ] GALAXY
- [ ] VENUS
- [ ] PLUTO
- [ ] ROCKET
- [ ] VACUUM
- [ ] PROBE
- [ ] SATURN
- [ ] NEBULA
- [ ] JUPITER
- [ ] METEOR
- [ ] QUASAR
- [ ] PULSAR
- [ ] ZODIAC

```
T S W F G K Z K N V S E A R W
P F D J S Y L P E E E R R G U
Q P M C R X Z T U C I N A J R
S Q S K A A U J F L A L U M A
M V A E N L E J Z O S P A S S
E Y T D U A V O I I A A S N A
O W U L L G D A P Y I V R O U
V D R C J I D R C M H R Q S Q
N O N P A W O R E U T E M O C
E N K C T B T T E I U E O B D
B C T W E E E N H T D M P C R
U M I E M O K H R C I L Y A V
L J B I R S U C B C U P T X O
A G R P T L N C O T V S U O G
J G O S L Z Q V O R F A U J N
```

53. Robot Rampage

- ☐ ROBOT
- ☐ RAMPAGE
- ☐ MACHINE
- ☐ TECH
- ☐ GEARS
- ☐ BOLT
- ☐ IRON
- ☐ CODE
- ☐ POWER
- ☐ LIGHT
- ☐ LASER
- ☐ ENERGY
- ☐ STEEL
- ☐ MOTOR
- ☐ WIRE
- ☐ CYBORG
- ☐ BEAM
- ☐ CHIP
- ☐ METAL
- ☐ CIRCUIT

```
B S Z V P X I Y R J I W R T C
C L Q C I R C U I T A A O H H
H D E A A P L L P S M B W G C
I M A E B S E X X P O F D I E
P O W N T N V D A R F K J L T
L T C X I S H G L C Y B O R G
A P I H G Z E J H A F R G Y A
T Y C E I E F M Z E S W I R E
E A A D D I R O N S A E C V D
M R M O T O R E M P V A R Z K
S P T L O B R T H O E D O C Y
S E W G T G N K R W G Y E O Y
E R Y T Y K G Q J E W E U F N
N H G G Q F T Z P R Z I F G P
S B T E Q O O Q I B R F M R P
```

54. Dinosaur Dilemma

- ☐ T-REX
- ☐ RAPTORS
- ☐ FOSSILS
- ☐ ERA
- ☐ EXTINCT
- ☐ JURASSIC
- ☐ HERBIVORE
- ☐ TRICERATOPS
- ☐ BONES
- ☐ METEOR
- ☐ PREHISTORIC
- ☐ PREDATOR
- ☐ EGG
- ☐ CLAW
- ☐ TAIL
- ☐ FANGS
- ☐ CRESTS
- ☐ SPIKES
- ☐ ROAR
- ☐ HUNT

```
J L Z W G S Y E A T S U F P L
P S A L E Z Z O N G Q C W F U
G L J K M Z M U N N R O A R A
C G I T S P H A T C N I T X E
T P E R M R F D E D P L J L J
S C M I A E S J U R A S S I C
L T R C R H S R O T P A R A U
P L W E E I E P B K J U C T R
D S L R S S E R O V I B R E H
P L C A M T G E L Q A C L D R
I I L T P O S D S V O P F O E
J S K O L R Z A X E T B E C I
L S Q S P I I Y T E J N T L A S
A O J S W C C O R A E O B L Q
I F M D L O G R T M V T B P X
```

55. Prehistoric Puzzle

- ☐ FOSSIL
- ☐ BONE
- ☐ DINOSAUR
- ☐ CAVEMAN
- ☐ MAMMOTH
- ☐ SABERTOOTH
- ☐ STONE
- ☐ ERA
- ☐ HUNT
- ☐ CAMPFIRE
- ☐ SPEAR
- ☐ TRIBE
- ☐ FLINT
- ☐ PELT
- ☐ FIRE
- ☐ CAVE
- ☐ CARVING
- ☐ HUNTER
- ☐ ICE
- ☐ WOOLLY

```
K S J N E O W H B P T V H F K
R I O R N N Q H W H I R R I P
K G F A G E O R T L E P C O S
E B I R T T R T U O M E E N S
C A V E M A N I S G M B L I F
Q H Q F W C Z I F F X M O U K
A X I F O D K R W P O Z A N L
A R W O O M E H S N M S Q M E
E X E V L K E U V J K A S Y D
B J Y H L H G N I V R A C I X
D M E G Y R N T P K V I N T L
G G V P U S M E S P E A R N O
D L A B M N P R P N U F G U P
M B C D R U A S O N I D S H Y
S A B E R T O O T H F L I N T
```

56. Extinct Encounter

- ☐ DODO
- ☐ MAMMOTH
- ☐ SABERTOOTH
- ☐ PTEROSAUR
- ☐ NEANDERTHAL
- ☐ DINOSAUR
- ☐ FOSSIL
- ☐ TRILOBITE
- ☐ MOA
- ☐ QUAGGA
- ☐ THYLACINE
- ☐ RHYNIA
- ☐ GASTORNIS
- ☐ MEGALODON
- ☐ DIPROTODON
- ☐ EURYPTERID
- ☐ WOOLLY
- ☐ ICHTHYOSAUR
- ☐ GIANT
- ☐ ARCHELON

```
F Z D P N E A N D E R T H A L
B Y I R M F N A E R E G C R R
T V N A Q O O J N U T I Y N U
C C O Q V S L Z I A I D F O A
F M S U F S E A C S B I V D S
R Y A A F I H I A O O R P O O
Z K U G U L C N L R L E H L Y
J O R G H C R Y Y E I T E A H
W X J A U Z A H H T R P A G T
M A M M O T H R T P T Y I E H
P H T O O T R E B A S R T M C
N O D O T O R P I D F U M F I
Q C M L D O D O N A U E J F H
S H K G W O O L L Y G I A N T
S X L G A S T O R N I S L C C
```

57. Endangered Expedition

Word list:
- RHINO
- SAFARI
- SPECIES
- EXTINCT
- POACHING
- ENVIRONMENT
- HABITAT
- RAINFOREST
- CONSERVATION
- REFORESTATION
- WILDLIFE
- THREATENED
- CLIMATE
- TIGER
- ELEPHANT
- WHALE
- GORILLA
- TUNDRA
- SURVIVAL
- BIODIVERSITY

```
X M T N E M N O R I V N E S T
Y H Z F E M K A R D N U T W H
X S P E C I E S U O R O V N R
B C F I Q P H R C L I M A T E
Y O O X G N I H C A O P S K A
H N H N Q W I L D L I F E A T
J S A Z I R R S A F A R I L E
D E B V Q H T C N I T X E L N
F R I V L V R T I G E R W I E
J V T E L A H W R Z S N Z R D
A A A L E L E P H A N T W O M
F T T Q S U R V I V A L G G X
L I N O I T A T S E R O F E R
G O R A I N F O R E S T J B M
U N B I O D I V E R S I T Y F
```

58. Wildlife Wonders

Word list:
- TIGER
- ELEPHANT
- GORILLA
- CHEETAH
- KANGAROO
- RHINOCEROS
- HIPPOPOTAMUS
- PANTHER
- ALLIGATOR
- LEMUR
- BUFFALO
- LEOPARD
- FOX
- GIRAFFE
- OSTRICH
- ZEBRA
- KOALA
- POLAR
- HYENA
- LYNX

```
L C Q M E R H I N O C E R O S
R Q A L L I G A T O R S I A R
A B O P E F Q H W Z X O L P E
L X S O P C G P E H O A O W H
L N F L H C Y B M C O V R S T
I R L A A A R I W K M Z J J N
R U E R N A V B U F F A L O A
O Z X G T F G I R A F F E N P
G L T H I P P O P O T A M U S
T E F W T T H C I R T S O J A
O O V U C L E M U R X V D N M
X P G D H A T E E H C B E C U
Q A E M O H B G C W G Y N S P
Z R H S I F Q I M C H W Q X K
A D O O R A G N A K L Y N X J
```

59. Forest Findings

- ☐ TREE
- ☐ LEAF
- ☐ BARK
- ☐ MOSS
- ☐ FERN
- ☐ PINE
- ☐ LOG
- ☐ OWL
- ☐ DEER
- ☐ BEAR
- ☐ FOX
- ☐ STAR
- ☐ RAIN
- ☐ BUG
- ☐ FROG
- ☐ HARE
- ☐ BIRD
- ☐ TOAD
- ☐ MINT
- ☐ NUTS

```
Z K L P F Y G N L S X T B D B
W L O G Q K F P B T Q U R T K
T A F W L X Y M I N T L K E J
E N R E E D F R F Y T R E P E
R I I N R E F F R O G O C A R
U E M A E D M S T U N R Y Z F
V N J Q R S E L Y A R Z A U Z
R I U W R S K Y T E H V J E E
Y P M F T H R B O F S X R I B
L Z L A N U A O A Z B M O A M
V Q R X S N B O D K X I O F X
V F Y E C P R K E M W K R S S
H Z R L W O I H A R E G Z D S
F G C C Z D U A S G G Y U Q X
E I X M J G W W V J K M E B C
```

60. Jungle Journey

- ☐ JUNGLE
- ☐ SAFARI
- ☐ VINES
- ☐ MONKEYS
- ☐ SNAKES
- ☐ TIGERS
- ☐ ELEPHANTS
- ☐ TRAIL
- ☐ BANANA
- ☐ RAIN
- ☐ FOREST
- ☐ BUG
- ☐ PARROT
- ☐ RIVER
- ☐ CANOPY
- ☐ MAP
- ☐ COMPASS
- ☐ LION
- ☐ HUMIDITY
- ☐ LEAF

```
J E J D T O M R K E R L Y Q U
N L K V I S Q G Z L A N Q L I
U E W C D S Q T L G P E J X C
F P U L S A O I A N A N A B K
J H E O N P Z G K U V L C U R
A A O O A M H E V J I A L Z A
F N L K K O U R O A N B I V T
R T T K E C M S R O E U O U Q
O S O G S A I T P Z S G N I L
K Q R I Q O D Y S R I V E R T
C W R P P L I N A F Q R T S I
O H A Q A L T E F T V B E J O
J T P T U M Y I A Z K R L F P
Y F F L X O U C R H O N A T A
I M O N K E Y S I F N I A R A
```

61. Desert Discovery

- ☐ SAND
- ☐ OASIS
- ☐ CACTUS
- ☐ CAMEL
- ☐ MIRAGE
- ☐ DRY
- ☐ DUNES
- ☐ HEAT
- ☐ SUN
- ☐ DUST
- ☐ RATTLESNAKE
- ☐ SCORPION
- ☐ LIZARD
- ☐ TUMBLEWEED
- ☐ ROCKS
- ☐ ARID
- ☐ WIND
- ☐ SAHARA
- ☐ MOJAVE
- ☐ GOBI

```
A W H H S G Y H N M R L C F B
S X E E L Z L H U I Y O K A O
U A D K J T V C S R N M C T Q
T H T A F D C C U A C R U K K
C S E N U D L H M G A M L X S
A S I S A O L E R E B R I K W
C N T E P L D Y M L E B Z S N
R Q N L C R L P E A E T A L R
D S O T Y J A W Y V C V R Q X
U A I T W Q E X A A R S D S B
L H P A G E Z J X E I B O G I
O A R R D E O K A S P C W L O
Y R O S T M O R A G H I H R L
A A C W R R I N B N N D R V Y
Y B S A I D D T O D M U U W O
```

62. Arctic Adventure

- ☐ GLACIER
- ☐ ICEBERG
- ☐ SNOW
- ☐ SEALS
- ☐ AURORA
- ☐ SKIING
- ☐ FROST
- ☐ POLAR
- ☐ IGLOO
- ☐ WALRUS
- ☐ INUIT
- ☐ SLED
- ☐ ESKIMO
- ☐ CHILL
- ☐ TUNDRA
- ☐ ARCTIC
- ☐ CARIBOU
- ☐ ICECAP
- ☐ HUSKY
- ☐ NARWHAL

```
O Y C T S X R T J Y K S U H Z
J R H U U U O C I B J U A Z P
P J A Z O N R K I U G V R E E
D I X L W D D L V T N Y O Z X
E O J N O Z P R A X C I R R M
L K Y L N P M P A W U R U R L
S P B B S S L A E S O Q A A F
F O O L G I K W L G B V H I D
R G X S I M V O N N I W P I V
O R Q N A G M I Z A R S A R M
S E E L U I I I P A A M C T V
T B C F K K T O N B C C E O F
W E S S S G L A C I E R C E I
A C E C H I L L P K D R I Y E
P I U B Q M T J H J O U H G P
```

63. Ocean Odyssey

- [ ] WAVE
- [ ] SHIP
- [ ] REEF
- [ ] SAND
- [ ] FISH
- [ ] SURF
- [ ] DIVE
- [ ] CRAB
- [ ] TIDE
- [ ] SHARK
- [ ] CORAL
- [ ] SHELLS
- [ ] WHALE
- [ ] SQUID
- [ ] KELP
- [ ] SALTY
- [ ] BOAT
- [ ] EBB
- [ ] BLUE
- [ ] PEARL

```
C M L R D A O S H H I L Q X I
W L E Z G V X L P A S E D I T
B M D I V E Z L B O R I X L R
W E W P I Q J E Q S L V F W F
N C L P L W T H D I U Q S H R
W R O K W E A S H A R K F A U
I A H R D L K V C L Z R C L S
M B W K X T T T E L O U U E I
N F J C Y T L A S B O C L T D
M E E U R C K F S B L O T B G
F K Y E Q D Z P H Y D R A L O
W Z C C R N E W I C K A O U A
U H B K O A Z G P O P L B E H
C S U J R S O S A H O B B E K
J X K L E Y Z P T A J I S G C
```

64. River Riddles

- [ ] BANK
- [ ] FLOW
- [ ] STREAM
- [ ] MOUTH
- [ ] SOURCE
- [ ] RAPIDS
- [ ] DELTA
- [ ] BASIN
- [ ] CURRENT
- [ ] MEANDER
- [ ] CONFLUENCE
- [ ] ESTUARY
- [ ] RIPARIAN
- [ ] TORRENT
- [ ] TRIBUTARY
- [ ] OX-BOW
- [ ] PADDLE
- [ ] EDDY
- [ ] RIFFLE
- [ ] BACKWATER

```
S J D U O J Q A O M R Q Y C G
D E M M X I P X A H T K H H H
I E R U V J B E P Y D D E R N
P V U B D O R F X G J B P E D
A B F X W T S O U R C E A D U
R B L E S P H V Y R Q A G N K
Y X O C K A C R R I N T J A K
R M W N J D U E A P I L K E C
A V O E M D R T T A S E K M R
U S V U E L R A U R A D I I A
T K H L T E E W B I B M F C J
S H Z F B H N K I A G F R P I
E J N L F W T C R N L V E O Y
R D L O L R A A T E J L W R T
Y T W C J U V B T O R R E N T
```

65. Mountain Marvels

- [ ] PEAK
- [ ] RIDGE
- [ ] SUMMIT
- [ ] CLIFFS
- [ ] VALLEY
- [ ] PLATEAU
- [ ] GLACIER
- [ ] CRAG
- [ ] BASE
- [ ] SLOPES
- [ ] ROCKS
- [ ] HEIGHTS
- [ ] CREST
- [ ] PINNACLE
- [ ] TOP
- [ ] KNOLL
- [ ] BUTTE
- [ ] GULCH
- [ ] GULLY
- [ ] PASS

```
W A K E I O Z T X L L X P D M
U V S T Z U H G C K R F O Y T
L A E I T S E R C S O J T Z E
B C T M T Z Z C Z F C T K Z L
Q A H M N V P J C F K L E J C
N Y U U U E U U X I S Y R C A
E R X S A G J P U L U E H E N
G R R K U X E K V C U L E T N
D G U L C H B P S A V L I T I
I Q L G V W J L E L O A G U P
R Y C R A G O T Q L A V H B Z
A M D Z Y P A F F O E I T Q T
B G L N E L S E S N E G S U O
L J Y S P E O Y A K H O A X K
G L A C I E R S S A P O H R R
```

66. Waterfall Wonders

- [ ] CASCADE
- [ ] FLOW
- [ ] EDGE
- [ ] PLUNGE
- [ ] BASIN
- [ ] SPRAY
- [ ] RAPID
- [ ] CLIFF
- [ ] MIST
- [ ] ROAR
- [ ] STREAM
- [ ] GORGE
- [ ] SPOUT
- [ ] DROP
- [ ] VEIL
- [ ] CHUTE
- [ ] TORRENT
- [ ] POOL
- [ ] FALLS
- [ ] CREST

```
F C E W W Y W N W A V J V J T
T R E G D E A D C E R A P I D
N E M O P R H R Z A T S P C C
E S J F A L L S P M V U A T O
R T X V E I L K P S G J H X N
R Y A V Q X W U K F O Y A C G
O M A I F I X E L H R U U D B
T K A F U P H L I O G S P A A
R E Q E M I D F W U E R W P S
F L D T R M O L A K I O R L I
M F L A U T Y O P T P D O U N
W L I L C O S W C G O N A N Z
P O O L W S P J H R R Z R G R
P W O A C O A S N C D X R E Y
Q U F Y W W D C U Z H M I S T
```

67. Cave Challenge

- [ ] BATS
- [ ] DARK
- [ ] ECHO
- [ ] DRIP
- [ ] SPELUNK
- [ ] STALACTITE
- [ ] CRAWL
- [ ] LIMESTONE
- [ ] HELMET
- [ ] ROCKS
- [ ] DEPTHS
- [ ] ASCEND
- [ ] PITONS
- [ ] CLIMB
- [ ] CREEP
- [ ] GLOOM
- [ ] TUNNEL
- [ ] DANGER
- [ ] TORCH
- [ ] ROPE

```
L W A R C N H L V R M E T A P
L H C S R Y E I L M B L G A A
L M E B D D L S T C R E E P R
Y Z Z M W O M K D E P T H S W
N C E I P H E C T U N N E L S
Z F I L D C T O G L O O M L T
B M S C P E U R G E F E O S A
Z M L K A E I B P G X N H P B
E N O T S E M I L D A R K E D
V V L F C P S N O T I P E L H
X C F X E I X O T J Z M P U O
J M N S N R V K X O J C O N S
Z H Y Q D D B F Y U R J R K W
U J B D A N G E R W H C C J B
P S T A L A C T I T E W H A F
```

68. Desert Dunes

- [ ] SAND
- [ ] HEAT
- [ ] CACTUS
- [ ] SCORPION
- [ ] OASIS
- [ ] CAMEL
- [ ] MIRAGE
- [ ] ARID
- [ ] DROUGHT
- [ ] DUNES
- [ ] DESERT
- [ ] DRY
- [ ] SUN
- [ ] DUST
- [ ] VAST
- [ ] SPHINX
- [ ] LONELY
- [ ] BARREN
- [ ] BREEZE
- [ ] THIRSTY

```
Q P Y J L T G Q J A A C Q V Q
T D S Y T T E G C I P T Y X B
C N E E P S N O I P R O C S M
X L G S N L P F P Q M H Y Y D
P A A Q E U L H E L B E L C I
D G R J S R D D I S W A E A R
N C I V D F T N N N U T N M A
H I M A R Q M A W F X N O E N
B V L S O O F S E K K D L L I
R G V T U O O A S I S F L B C
E X K H G X T U T V S Y U A G
E X X H Z Z C K D N V C R Z
Z Q G X T T V G K P R T S R N
E Z C K Y T S U D J U Y P E C
K U Y T S R I H T S Z S P N K
```

69. Grassland Galore

HERD
SAVANNAH
BISON
PRAIRIE
GATHERER
ANTELOPE
ZEBRA
LION
CHEETAH
GRASS
WIND
PLAIN
VELD
GAZELLE
WILDEBEEST
HYENA
ELAND
SPRINGBOK
MEERKAT
WILDFIRE

```
M S F G F C J A R Q R D T E F
R E R E H T A G F O S F E I V
M Z E P N O S B G E K O W R H
E E L J P T I A L F X K C I Q
E B A W D S W L V O A A H A M
R R N B O E E I N A B Q E R V
K A D N O Z P G L X N I E P X
A J I P A E L O Z D D N T Z W
T G Q G L G B Q L R F C A X M
G D R J O A I L D E E I H H D
I N L A A N I P O H T Z R Q J
B S J E S W A N E Y H N T E Y
R S E S V S J U L L L E A D P
W I N D K O B G N I R P S F R
T S E E B E D L I W N O I L P
```

70. Tundra Trek

ARCTIC
COLD
ICE
SNOW
SEALS
REINDEER
MUSKEG
WOLVES
FOXES
SLED
CARIBOU
INUIT
FROST
PERMAFROST
TENTS
WALRUS
TREK
SURVIVAL
NORTH
BEARS

```
X L I Q F P M S K O T L C E H
H C S T V W O U W O E Y A A K
E V L U O B V R V Q N D R R R
E W T L R N Z L G O T G I C U
W N V I L V Q A G Q S K B T P
K E H M B D I W Q E L F O I E
S Z S E X O F V C R K A U C R
C I W Q V P M O A V G S S R M
Q S N I B E L N P L T A U B A
W L Q U Z D F O U Q L N E M F
O A B B I T N R N D E L S T R
N E E K S T O T O H F L K R O
S S A O E B X H V Q K Y S E S
T Z R K X O X O L D J S U I K T
F F S F R E I N D E E R H L L
```

71. Wetland Wonders

- ☐ MARSH
- ☐ BOG
- ☐ SWAMP
- ☐ POND
- ☐ LAKE
- ☐ REED
- ☐ FISH
- ☐ DUCK
- ☐ FROGS
- ☐ HERON
- ☐ OTTER
- ☐ BEAVER
- ☐ MUD
- ☐ WEED
- ☐ CRANE
- ☐ SNAIL
- ☐ LILY
- ☐ TURTLE
- ☐ FROG
- ☐ EEL

```
C E F X G Z P P W M N T G F B
K G O C G C O M W O S U L Y Y
X I X R I V N N R G N R N E F
D G S A G N D E A O K T X J I
U E K N M H H X L R V L L D S
C P G E K A L R U F K E D E H
K L E P F I E P J R S T I U Z
T A U R M V A C F S O G N N M
B D M R A A L E E A W B O W S
X E H E Y S W O T T E R U R B
H E B L B I G S S U O R K B F
M R I O W O Q E K A K N F X Q
K L R O B I S I V B M A R S H
L I A N S D E E W L R A F S K
Y U N X A V C Z Z D D G X L S
```

72. Island Imagination

- ☐ PALM
- ☐ BEACH
- ☐ SURF
- ☐ SHELL
- ☐ CORAL
- ☐ SAND
- ☐ HAMMOCK
- ☐ BREEZE
- ☐ SUNSET
- ☐ LAGOON
- ☐ TIDES
- ☐ DOLPHIN
- ☐ STARFISH
- ☐ JUNGLE
- ☐ VOLCANO
- ☐ ALOHA
- ☐ PARADISE
- ☐ LEI
- ☐ HULA
- ☐ ISLAND

```
L I L A G O O N E O I N M K D
K C O M M A H Z A Q H Q L N E
T G N S L M E Q L H D F A X L
H M R A X E S E Q L O S P J G
I B Y X R G U T W B E L C S N
O S E B N I N P I E L H A G U
Y O T H E F S Y A D A A S K J
I H B A I H E D Z R E U H Q D
X U A H R G T N R W A S Z Q R
J L T B Y F R A O B O D C T S
Z A S J H Q I L Q W Y P I B I
K X B Q H Y R S C O R A L S W
L E O H R H J I H J J T F L E
H C A E B D O L P H I N R O Y
F R U S E V O L C A N O F R A
```

73. Beach Bonanza

- [ ] SAND
- [ ] WAVES
- [ ] SHELLS
- [ ] TOWEL
- [ ] BIKINI
- [ ] BOARDS
- [ ] PALMS
- [ ] SURF
- [ ] SNORKEL
- [ ] UMBRELLA
- [ ] TIDES
- [ ] SUNSCREEN
- [ ] CRAB
- [ ] GULL
- [ ] BUCKET
- [ ] FLIPFLOPS
- [ ] DUNES
- [ ] PICNIC
- [ ] SWIM
- [ ] PIERS

```
G W S N B A R C Y L X Y F Z K
Z F Z U A S Q E Z B J J P V
F J S G N A D K G S O E I Q U
B L O U N S R Z O A A E N V Y
P P I D R O C M W T R X S V Q
T K S P N F Y R O S D A Z G G
Q I Z S F K A W E S S E N U D
R C D P U L E U G E H E D S K
K L B E F L O M F Y N E M A K
X N I X S R K P M W A L L F Q
G V K W A V E S S V A I J L O
U Q I T E K C U B P M D W Z S
L U N S C I N C I P P S W I M
L T I A L L E R B M U O L G Z
M M V B F V S M M I G P T U O
```

74. Lake Labyrinth

- [ ] LAKE
- [ ] LABYRINTH
- [ ] WATER
- [ ] FISH
- [ ] BOAT
- [ ] SWIM
- [ ] DOCK
- [ ] DEEP
- [ ] REEDS
- [ ] RIPPLE
- [ ] SHORE
- [ ] CURRENT
- [ ] BLUE
- [ ] WAVES
- [ ] FLOAT
- [ ] CANE
- [ ] POND
- [ ] NATURE
- [ ] CALM
- [ ] MIRROR

```
P Y K L A B Y R I N T H Z U E
V Z K T F N E M M Q A A T T L
T N E R R U C E D X O H P W P
O E U L B I A D N Q L I Z E P
O M I W S Q Z O O A F V V Z I
F Z O Q U O X C P N C W Z D R
N M D I E H N K M A K A J H F
T K B Y S D N A G T F V O O I
I R M L H A F C D U R E E D S
S S W L O U N N A R V S W B H
D P M O R G V X Q E E K A L M
G O Q T E O Z E M V S H H J D
H Q T A O B O W R E T A W E Y
C A L M H R O R R I M K E Q N
F K E L Z W D G Q C O P Q W E
```

75. Pond Puzzle

- [ ] FROG
- [ ] LILY
- [ ] DUCK
- [ ] FISH
- [ ] REEDS
- [ ] ALGAE
- [ ] HERON
- [ ] SNAIL
- [ ] TADPOLE
- [ ] GOOSE
- [ ] NEWT
- [ ] DRAGONFLY
- [ ] LOTUS
- [ ] TURTLE
- [ ] BEAVER
- [ ] POND
- [ ] MARSH
- [ ] WATER
- [ ] RIPPLE
- [ ] TWIG

```
G E L I Q C A S S N A I L D V
O L I Y H S R A M Q N N U H D
K P L L B E A V E R G C K P N
C P Y F G U B E D K K E Y M O
S I U N L P E X V T P L S W P
G R B O O L H J R L X O D Z I
F R O G T T W E N J H P K Q A
P P R A U I K D R X S D Q I F
Y G K R S T S R T O R A R I J
E E N D R E E D S Q N T S W C
Q H A E L T R U T Z K H P C K
K Z E G A H F G O O S E C H I
T I J W L V B T E M K H P S P
T W I G B A L M Y S P S C D N
C O Y N H G L M Q K J P W D V
```

76. Marshy Madness

- [ ] MUD
- [ ] SWAMP
- [ ] BOG
- [ ] SLUDGE
- [ ] REEDS
- [ ] PEAT
- [ ] MOSS
- [ ] WETLAND
- [ ] CLAY
- [ ] HERON
- [ ] PUDDLE
- [ ] MARSH
- [ ] SILT
- [ ] QUAGMIRE
- [ ] CRANE
- [ ] FROGS
- [ ] DUCKS
- [ ] BEAVERS
- [ ] SNAILS
- [ ] WATER

```
B H E R O N R C E E M O S S C
H S E A I U W R I L M O A K W
A L X O V A I U A D M A E G Z
G I P S T M E L H D W J R G E
F A B E G X N U D U V J M S E
R N R A L K A F C P G R C G H
O S U L Q L R S K C U D D W T
G Q Q D R W C W K C W U R M A
S P B Y D U M W E T L A N D E
Z P H G W I Y F U S T L I P P
Y C M Y O R S R E V A E B E S
O A N A E B H V V A T C N F A
K A L E W Y S A W I H C Z V U
M K D C R S I L T C E V C T X
F S J I E E U G Y G E J C Y U
```

77. Swamp Saga

```
X S I C E R I M X F K R R H D
P F Z Q S U S V W E T L A N D
E T M N S Y C A W T Z U O S J
A S E L T R U T Q U V I V Q K
T F O S D E E R D O C S I S M
M T T K Z L H Z F Y N U G U P
V S M I X K V Z H A R I W D A
D N A L N E F J K B H S R A M
G S W A M P Y E R I M G A U Q
O D N R Q E S A L E P M G C D
B B I O Z J G S E G G O R F U
V A O N O R E H O D F S U R M
C S U E X L W N E U C S L N W
L I X V N D C U E L F M J Z Y
B N O G D V U I X S F S B X M
```

78. Volcano Venture

```
J K I F A X E I A R E D L A C
A S L B C R C G Z S Z B A P S
C O R W P S I E D R E S Y E G
W Z U R A K M I R O P M A K J
D W H P V T U M G U M A N X J
S B P Y A N P A E T P E P A R
E M L R L E J K S O O T M R M
B O U O O V O F M R I U I R J
I B S C E M M Z A K E F B O S
H D B L S K D G G S A T B N N
S J J A V W I D M Y Z S A G Y
C D V S S O J D A V X N H R S
O P R T E A K J I V R X T O C
N A D I T Q L Z I A R H P E T
E F V C M X O T K I G B H K N
```

79. Earthquake Escape

Word list:
- EVACUATE
- SHELTER
- WARNING
- BASEMENT
- SURVIVAL
- QUAKE
- TREMOR
- RUMBLE
- DAMAGE
- CRISIS
- AFTERSHOCKS
- DRILLS
- SEISMIC
- PANIC
- SAFETY
- RESCUE
- RISKS
- MAP
- FIRST AID
- PLAN

```
S R X J E K A U Q E L B M U R
T E J O W W H S A F E T Y S H
X F I R S T A I D E U B Y H P
R H P S Y T E U S S U Y Z E A
F S Y A M Y L C U W L C G L A
X Q K W N I V R R V E L S T N
Z J S C Y I C I V L T V I E V
H W F G O N C S I F A I T R R
M A P J N H K I V J U H N S D
Y R I O L Q S S A L C A E B H
A N D F D T D R L I A P M A R
G I J D A M A G E D V D E I S
Z N R T R E M O R T E K S F N
W G M N A L P M H P F K A C W
E L X C M K U O H B S A B B K
```

80. Tsunami Tumult

Word list:
- WAVE
- FLOOD
- QUAKE
- SEA
- BEACH
- DAMAGE
- CRISIS
- SURGE
- HARM
- RUIN
- AFTERSHOCK
- TIDAL
- WARNING
- EVACUATION
- PANIC
- SWELL
- SHOCK
- DISASTER
- IMPACT
- DEBRIS

```
A F M J M L V U H V F S K V Z
F C M I Q X Y P I C A T Y U X
T H I H W C S O E L A D I T L
E U E N O J G G G T U E U K E
R E T S A S I D R G C G B V N
S K E D P P F K U S N A A Z I
H H K V O R C U S I I C P P U
O A A S A O J B N A U R K M R
C R U U H W L R C A M N B O I
K M Q S P D A F T R O X T E M
D Y A A V W Y I Y K I Q D U D
Y S W E L L O T I J O S X P M
H K I N S N K J J B V R I R R
G N N X E G A M A D M H Z S W
W R H T Y G M A D E A R N C Q
```

81. Hurricane Havoc

- ☐ STORM
- ☐ WIND
- ☐ FLOOD
- ☐ EVACUATION
- ☐ SURGE
- ☐ DAMAGE
- ☐ TORNADO
- ☐ ALERT
- ☐ RAIN
- ☐ DEBRIS
- ☐ POWER
- ☐ CATASTROPHE
- ☐ SHELTER
- ☐ RESCUE
- ☐ RISK
- ☐ WARNING
- ☐ CHAOS
- ☐ RADAR
- ☐ SAFETY
- ☐ RECOVERY

```
W F W N U R A E E D S M X S R
Q L H N F I B U H B C R O O W
Z O X X D S I C P Z C O F A S
D O A V X K B S O H Y T O H R
T D G D J D H E R Q W S I C O
Y R E V O C E R T S A F E T Y
A E D B H I C U S Y S U R G E
Z T N O N O I T A U C A V E O
S U I L O W W T T R E L A G G
R G W D R N J J A H T Q T R Q
M A L A A Q N F C O B T N E V
G J D M I S I R B E D Y V W D
E O J A N G N I N R A W Y O O
L U D G R B T O R N A D O P H
T Q R E Y A J S H E L T E R E
```

82. Tornado Twist

- ☐ TWISTER
- ☐ CYCLONE
- ☐ FUNNEL
- ☐ DAMAGE
- ☐ WIND
- ☐ SPEED
- ☐ VORTEX
- ☐ RADAR
- ☐ STORM
- ☐ WARNING
- ☐ SHELTER
- ☐ BASEMENT
- ☐ WHIRL
- ☐ SWIRL
- ☐ DEBRIS
- ☐ SPIRAL
- ☐ GALE
- ☐ FLURRY
- ☐ RAIN
- ☐ FORECAST

```
X J V W D L I J X E T R O V T
W B E E R S B E M G Q Z W G F
N H E I E I A Z R R Y A A R O
P P W D V R D P O E I H R E R
S S E F F B N D T T S E N T E
B I D N U E I J S S B P I L C
A M B J O D W K N I A R N E A
S A U U Z L T Y S W D M G H S
E G A M A D C P Q T F W Y S T
M F F I G S I Y N U K P W Z Y
E U L L B R I W C R A D A R W
N N U L A E G F O N Y O Q H O
T N R L J B Q A O I B T I M N
I E R J U O Q O L V B R L M L
B L Y J S Q X N Z E L G C R Y
```

83. Thunderstorm Thrill

- [ ] RAIN
- [ ] THUNDER
- [ ] LIGHTNING
- [ ] WIND
- [ ] CLOUDS
- [ ] SKY
- [ ] STORM
- [ ] FEAR
- [ ] ROAR
- [ ] FLASH
- [ ] BOLT
- [ ] GUST
- [ ] FLOOD
- [ ] HAIL
- [ ] NOISE
- [ ] DARK
- [ ] WET
- [ ] CHILL
- [ ] RUMBLE
- [ ] TORRENT

```
N E Y N H V V W J F C U Z K M
O I K S H I Q L N G N K D R N
I G K H D F T L G Q A N Q O K
S Y A Y E S S I U S I G T A M
E I B A K B D H S W N R D R R
L Q R O X R Q C T I A T A C O
I K H T X I V S N R N E R A T
B S B F H J P T R W H W K R S
H U P J X U H G T N E R R O T
S N V P B G N Y N V Q D E Q N
A I P O I I N D P W Z A L F I
L A L L J J B L E H Z F B V A
F T I C L O U D S R I H M S R
A K Q V D O O L F A D T U A F
K P L X T G E G K S U K R J N
```

84. Lightning Labyrinth

- [ ] FLASH
- [ ] BOLT
- [ ] STRIKE
- [ ] THUNDER
- [ ] STORM
- [ ] PATH
- [ ] MAZE
- [ ] ROUTE
- [ ] FORK
- [ ] TWIRL
- [ ] BLEND
- [ ] DAZZLE
- [ ] GLOW
- [ ] SPARK
- [ ] BEAM
- [ ] JOLT
- [ ] ARC
- [ ] CHARGE
- [ ] PULSE
- [ ] FLICKER

```
B R S T R I K E E K H E Z R A
O B A A E Z F M D P N G E E O
R Y P Q G E O B M Y O R T K E
M V S B R P R I L N S A K C H
M R W Y A F K A J E U Q Q I T
C T O X H Q I N H E N D C L A
F N L T C F U G L T L D I F P
L U M O S B W Z F H E S L U P
A I A Y J E Z W T U U B V G T
S B Z U Z A J L Q N V R H Y O
H W E O D M O N F D U L G A M
F E B O E B J V B E W T V A G
C J P L N D S X K C Z N L U
Y I K R A P S R C E T U O R D
L R I W T K O C R A B W J B O
```

85. Rainbow Riddle

- [ ] COLOR
- [ ] LIGHT
- [ ] SPECTRUM
- [ ] SUN
- [ ] RAIN
- [ ] PRISM
- [ ] VIOLET
- [ ] INDIGO
- [ ] BLUE
- [ ] GREEN
- [ ] YELLOW
- [ ] ORANGE
- [ ] RED
- [ ] ARCH
- [ ] SKY
- [ ] RAYS
- [ ] GOLD
- [ ] POT
- [ ] END
- [ ] LEPRECHAUN

```
M P K R M V Y R D N E A R C H
N N E T R A D D D A O G X M N
U D O V H E R P D L U A U K U
S C C N U G A O O R O R V Y A
L L O H X D I P L U T G L E H
W O L L E Y N L U C K O B G C
J W J C Q T O P E G N A R O E
L R P R I S M P Z Y K T K E R
W Z D J I F S P D K S Q Q R P
O R O L O C D I S J G V Q B E
R N M N E R H S H Z T R Z L L
H N K F O V I V L F Z Y E U O
T G S O M D I N D I G O I E T
J S F V I O L E T X J V L C N
P X P K S R A Y S I C H I P N
```

86. Snowstorm Search

- [ ] SLED
- [ ] BLIZZARD
- [ ] DRIFT
- [ ] WIND
- [ ] SLEET
- [ ] FREEZE
- [ ] FROST
- [ ] ICE
- [ ] SHOVEL
- [ ] PLOW
- [ ] COLD
- [ ] CHILL
- [ ] FLURRY
- [ ] HAZARD
- [ ] SNOW
- [ ] SCARF
- [ ] GLOVES
- [ ] BOOTS
- [ ] HEATER
- [ ] SHIVER

```
R R D D N I W C W A A F Q F L
D F U E C Y F X M B Y C V H P
J E P R S O J A E R E V I H S
U B L O I W L T S O R F U E E
U A G S S V R D L P L O W E Z
P N X Z C K T R X H A Z A R D
S W K N A T T S N O W S G J H
W H P B R E H Q E D G E W B L
T I O H F E E Y I R V V Z P E
F F E V P L A B C I B O O T S
L L R E E S T L E F A L T B J
L R U E M L E M G T K G X K S
I K G R E Q R U A T T M L G C
H M T B R Z B L I Z Z A R D W
C U I P R Y E I D K P H P U O
```

87. Blizzard Blast

- ☐ SNOW
- ☐ ICE
- ☐ WIND
- ☐ CHILL
- ☐ FROST
- ☐ FLAKES
- ☐ STORM
- ☐ WHITE
- ☐ FREEZE
- ☐ COLD
- ☐ SLEET
- ☐ ICY
- ☐ BLANKET
- ☐ WHIRL
- ☐ GUST
- ☐ BRRR
- ☐ FLURRY
- ☐ DRIFTS
- ☐ HAIL
- ☐ BLIZZARD

```
R U M L J D E S B K Q D U I Z
W M R Z X Z E L C F F C R H W
I X O D L L A U H W W S S H A
N D T W N N J Y V H Y T I I E
D R S J K I S W A V E T I Y U
Q A Y E F E P C H E E D L Z S
H Z T C Q F J L L I H C G Y Q
H Z M D I L K S I P R G G Y H
F I T M Y A I O C T L L L C Q
R L Y L J K C A E D S F M O O
E B K R T E J T H R Y U Y L C
E Z W H R S Z S X I R L G D S
Z K O O R U Y O J F O R J G W
E V Q F N W L R O T H R B E Z
E S D T B S K F B S R H E Z Z
```

88. Foggy Fun

- ☐ MIST
- ☐ CLOUD
- ☐ VEIL
- ☐ OBSCURE
- ☐ GRAY
- ☐ DEW
- ☐ CLOAK
- ☐ VAGUE
- ☐ BLUR
- ☐ HAZE
- ☐ DAMP
- ☐ SHROUD
- ☐ DIM
- ☐ FOGHORN
- ☐ MURKY
- ☐ EERIE
- ☐ CHILLY
- ☐ SMOKE
- ☐ BUBBLE
- ☐ DUSK

```
N F O G H O R N S H U S R G Z
U E O O G B N R N M N B C K N
L I Z N J L R O V C O K Y G L
H S K A O L C P L W M K Y E Z
N L H W H D Q O S S V B E Q H
L E G R A B U E U K E Y A R G
H Z S E O D K P H V U V T X V
B E L B B U B P B W G D E W B
O W F X Y Q D L D S A V M I E
C N E B L E U H V N R S N L N
E X Z D L R Y V S H D A M P M
N I I X I Z K M K Y G P S O B
J Z R M H Z R I D I M X T O D
F Z H E C B U S F Q L J E J B
Z D B U E C M T E R U C S B O
```

89. Misty Mystery

☐ FOG
☐ CLOUD
☐ DARK
☐ MIST
☐ EERIE
☐ OBSCURE
☐ HIDDEN
☐ VEIL
☐ SPECTER
☐ ENIGMA
☐ PHANTOM
☐ PUZZLE
☐ SHROUD
☐ SECRET
☐ UNKNOWN
☐ SHADOW
☐ GHOST
☐ MURKY
☐ VEILED
☐ CLUE

```
G T V C H O C N P R V C Y B E
T S O H G W L I J E P W L T I
W O D A H S O H O R F P M U T
S M V S M M U U I U Y A O A E
P I A H S X D N N C O Z T M C
H U Q R G O F K O S O E N G I
Z I G O N Y S N Z B M Q A I T
R O D U G I P O P O B S H N S
D F M D A A E W P N H R P E I
K S J F E I C N E I R E E F M
T R O B F N T N V E M U R K Y
V G A Z K Y E O T E R C E S Y
R M L D O X R M G Y I P E O N
P U P U Z Z L E R O U L P U E
L Y Z F V E I L E D D B X W X
```

90. Dew Drop

☐ DEW
☐ DROP
☐ LEAF
☐ MOIST
☐ SHINE
☐ DAMP
☐ LIGHT
☐ MORNING
☐ GRASS
☐ WET
☐ SPARKLE
☐ COOL
☐ CRYSTAL
☐ DAWN
☐ PURE
☐ FRESH
☐ GLISTEN
☐ NATURE
☐ BEAD
☐ CLEAR

```
N L S S A R G S W S H I N E D
A A A B L T N J G D R O P J T
T T F Q E L R N X E P C H W J
U S A W E A I M W G R P Z E W
R Y S A L N D I X C D U Z Q D
E R F I R A F S T K A M P K A
J C G O A Y L V A Z M M K Z M
D H M Z E N M H D W P P V A L
T D Q F C L E A R L A N X G J
J O E M W P K M M F O Q O L I
W T N W A D S R W N C O M I M
E S M T L P N X A P Z Y C S J
S I F R E S H S K I P C P D T W
N O P O M B G Q P N S T C E E
Y M O T N I K Q X Z Y Z A N M
```

91. Hailstorm Hurdle

- [ ] HAIL
- [ ] STORM
- [ ] ICE
- [ ] WIND
- [ ] SHELTER
- [ ] FREEZE
- [ ] SAFETY
- [ ] COLD
- [ ] RAIN
- [ ] RUN
- [ ] SLIP
- [ ] DODGE
- [ ] COAT
- [ ] SCARF
- [ ] HOOD
- [ ] SLUSH
- [ ] FLEET
- [ ] BLIZZARD
- [ ] SLEET
- [ ] SHIVER

```
R K G R X D O E J F R R E M D
F C A A X I O B I R X I R P O
R I M N Q P C O B E V O Z R D
N E O N C H N E H E I Z P E G
R E V G W S J R S Z F J D T E
K U I I M Z G N Z E L O F L W
P I N N H S C A R F F L E E T
I D V S C S R S J Y P S Y H M
E S L I P Q P A I Y T I G S L
R M H C O A T F B A M I A D T
H W Y A D C Z E W T R K N E Z
P S O Z I F U T Q N O M E C C
W J U C Q L L Y N J T L W O V
W T B L I Z Z A R D S R U L Q
G B R P S V M H X F U Z E D T
```

92. Icy Illusion

- [ ] FROST
- [ ] SNOW
- [ ] GLAZE
- [ ] SLEET
- [ ] CHILL
- [ ] ICE
- [ ] GLACIER
- [ ] FREEZE
- [ ] CRYSTAL
- [ ] COLD
- [ ] MIRAGE
- [ ] SHADOW
- [ ] VISION
- [ ] DREAM
- [ ] FANTASY
- [ ] SPECTER
- [ ] ILLUSION
- [ ] DECEIVE
- [ ] TRICK
- [ ] ENIGMA

```
P E Z G G E C H I L L A D P Y
W O L D L N I V K U L F I H E
F L A S A I Z F D I W S X C A
A P T H C G N O I S U L L I E
N H S A I M B E S N O I S I V
T B Y D E A Z T N K C I R T I
A Y R O R A Y N O C F W C M M
S K C W L Z T H W J T L U O S
Y Y E G J R B Q T E E L S J T
M H F E P E V I E C E D F S I
P A M G B T P M M V X R O C C
I J E A M C T S J D E R C L O
H D M R N E V E E F O O X W
S X Q I D P N D Z W L X X D U
W X O M R S M E K D P R Q I H
```

93. Frosty Frenzy

- ICE
- CHILL
- SNOW
- FROSTY
- COLD
- BRRR
- ICY
- FREEZE
- SLEET
- SLUSH
- FLURRY
- SNOWY
- WINTER
- GUSTY
- HAIL
- FRIGID
- FLAKE
- GLACIAL
- FROSTBITE
- SHIVER

```
O E O V F N C Q S G U Y U H R
S T I D S X U W V M Q C R L R
B I D O F I H O O M C I I C R
M B T R S F S N P U Y A O R B
B T I L E F S Y O H L Y J U
T S Y R Z U V Y T V D P S W M
R O Q I E R T W S J D W I S H
N R A P E R K O U C D I V D K
Y F H G R Y V N G O Q N V O N
T Q U H F Q D S L E E T Z V G
S X L A I C A L G C D E Q Y S
O F R I G I D E H S N R H K I
R E J I V O Z I S H I V E R S
F F K C Q Q L D A M F L A K E
F V N E Z L S L U S H K Q J B
```

94. Heatwave Hunt

- SUN
- SWELTER
- SCORCHER
- HUMIDITY
- HOT
- SWEAT
- THIRST
- FAHRENHEIT
- CELSIUS
- BURN
- SIZZLE
- TAN
- DROUGHT
- BLAZE
- POOL
- FAN
- SHADE
- ICE
- DRINK
- COOL

```
B T I A Z S U I S L E C T L U
M A U P C U P N L O O C Z Y K
K N O S Y K R E R N N K T G S
B O Z C L Y H D M Z U I K E F
L W K O N C W A V E D S T R G
F E D R O U G H T I S A H S Q
A Z H C C W U S M C W Z W R B
H A I H Y U Z U W E H E D J L
R L F E H C H A X V L O E V M
E B A R U T A Z A T R V L R E
N P N F B I H G E E I F Z D D
H B W I O U J R D I I P Z R Z
E N H F T S R I H T C B I F H
I J F T O H Y N B I E N S Y C
T E E A T A E W S S K Y B D B
```

95. Drought Drama

DRY
THIRST
HEAT
PARCHED
DESERT
SCORCH
WILT
DUSK
BARE
BLAZE
DIRT
CRACKS
SUN
CROPS
DUST
BARREN
FAMINE
ARID
SAND
CLAY

```
D R U U D N A S O H Q L C T P
S W Z C V R K W U C Q P Z V
Z S K C A R C E Z I Z R D F Y
E M N D R C C Z T X L X O R J
L B L O N T W A N G B T Y C Y
R O U F S V E L G E K N A U S
E V V R U H O B K M R Y L G B
P F I M E N I M A F X R C P E
X H I Y S F B M Z S E Y A D I
T R E Z R H S D D R I R E B Y
D I R T B B U O A W C S R Y P
S P O R C S G B U H E R V A E
R P H N K H S I E R T R S R W
D W G S I Z P D T T W U C I E
Y C W T S U D T C B N G L D G
```

96. Flood Fiasco

RAIN
LEVEE
OVERFLOW
DRAIN
DAMAGE
EVACUATE
FLOOD
TORRENT
DISASTER
WARNING
RESCUE
WATER
DELUGE
SWAMPED
MUDSLIDE
STORM
RUIN
SURGE
DRENCH
REFUGE

```
E H K X Y E T G G N I N R A W
T N N U R O A O M S K N D C J
A H I X E Q F R R W M X S K Z
U U F E G U L E D R E O Y A V
C D E G U F E L E V E E H D E
A U S A F N E M E D S N Y O K
V U R M E Z R U R X K W T O E
E U R A R O C E S H D O I L D
R T Q D T S N W V I N L K F I
E R R S E C A T S V I F H E L
T L U R H M N A E H A R Z F S
A R I C P D S Q G L R E L Z D
W A N E I T H E R T D V Z F U
C I D F E G D E U I O O V K M
P N J R W N A X S G A H L C U
```

97. Avalanche Adventure

- ☐ WIND
- ☐ SKI
- ☐ PEAK
- ☐ RISK
- ☐ SLIDE
- ☐ COLD
- ☐ ICE
- ☐ RESCUE
- ☐ SHOVEL
- ☐ MOUNTAIN
- ☐ WINTER
- ☐ CLIMB
- ☐ GEAR
- ☐ SLOPE
- ☐ DANGER
- ☐ FROST
- ☐ SNOW
- ☐ PISTE
- ☐ HELMET
- ☐ GOGGLES

```
I Q E B W H E W A O E R L U L
A V S T M S B D H D I T C H E
X V N N L I Z W I Y L Y S U T
T F O A F W L Q N L B Y C I X
S A W L G C O C W A S S U V P
U S E R E O S O E R E G N A D
B T J I A L J V C R W E Q I H
W F N S R D N B I R U U K N E
I V F K L T C I J E O S W L L
N K Y R O Z B C A R G E P M M
D S B Q O Z W I N T E R L M E
N H L R E S U H M A N N G K T
W B F O H Z T J K Y C U G I K
M W Y K P G L E V O H S O X C
N O H L Q E E V B I D C G M X
```

98. Landslide Labyrinth

- ☐ SOIL
- ☐ EROSION
- ☐ DEBRIS
- ☐ SLIDE
- ☐ ROCK
- ☐ MUD
- ☐ FLOW
- ☐ TRIGGER
- ☐ HAZARD
- ☐ COLLAPSE
- ☐ MASS
- ☐ UNSTABLE
- ☐ MOTION
- ☐ GRAVITY
- ☐ HILLSIDE
- ☐ SHIFT
- ☐ TOPPLE
- ☐ EARTH
- ☐ STEEP
- ☐ CLIFFS

```
S A M K M G R A V I T Y J H K
S J H N O I T O M T Z L T T I
E A G S E L B A T S N U S R Q
P V O W D Z O N D M F H U A E
X I O A I F T L R N C C K E L
L L E D L S G W H G U S C U P
F D U M S W N D E B R I S H P
B W E R O S I O N B X W I R O
S F F I L C O L L A P S E O T
X E K T F I H S H P J T U C S
H T R I G G E R Q A Q Y D K S
H I L L S I D E I S Z M L D T
S S G W R N E Z B S M A X S E
O P P F T N Z S C A X C R N E
O N B L W S F V P M T J F D P
```

99. Erosion Expedition

- [ ] RILL
- [ ] WIND
- [ ] RAIN
- [ ] ICE
- [ ] COAST
- [ ] CLIFF
- [ ] SAND
- [ ] ROCK
- [ ] SOIL
- [ ] GRASS
- [ ] GLACIER
- [ ] SLIDE
- [ ] MUD
- [ ] RIVER
- [ ] GULLEY
- [ ] CREEP
- [ ] SLUMP
- [ ] GRAVITY
- [ ] LANDSLIDE
- [ ] CAVERN

```
S U D L Z B B R V B V K Y H B
G L Q V H C M E P Z T B Q P W
L Z X S N M U D I G K W Q Q C
W U Y C D Y P I O R C B K L N
U Q A M I G P O T A O L I F R
E A P E E R C K S V R F C Y E
Q C W M G P F T A I F T J U V
A Z I S G R M N O T R D J A A
D Q J O Y L A U C Y A L M O C
N R E I B E A S L L I R U Y D
I I L L K H L C S S N S H N F
W V L A N D S L I D E K A W J
W E S L I D E D U E N S B C C
U R I A A Q B Y E G R W O X B
U N W Y W W X B V L B C O P C
```

100. Airborne Adventure

- [ ] SKY
- [ ] PLANE
- [ ] WING
- [ ] GLIDER
- [ ] JUMP
- [ ] SOAR
- [ ] LIFT
- [ ] CLOUD
- [ ] WIND
- [ ] BIRD
- [ ] FLY
- [ ] FLOAT
- [ ] HEIGHT
- [ ] AIRSHIP
- [ ] BALLOON
- [ ] CHUTE
- [ ] RUSH
- [ ] THRILL
- [ ] GLIDE
- [ ] ROTOR

```
E E U T Z C G Q G R E D I L G
D N J B T N L P I H S R I A C
N N A Q A H Y O J H J G G Q Y
C R I L N B N R U U R O T O R
O A J W P E I D M D Y L G B H
N O O F L Y F P O T H G I E H
F S Y W V X B T J O E B S U G
P W I Q N W Q H L E D A C P U
S N O E Y P E R T G I L Q F W
G S A S L Z H I P Z L L L E C
V O X T H H X L K K G O W R I
L E T U H C B L Q T A O M U J
Q Z Y M E I L I F T U N M S E
K W K W R Y C W J V F Y M H Y
E R S D L Q I H J W U N G J Y
```

101. Water World

- ☐ RIVER
- ☐ OCEAN
- ☐ SEA
- ☐ LAKE
- ☐ POND
- ☐ CREEK
- ☐ MARINA
- ☐ BAY
- ☐ POOL
- ☐ LAGOON
- ☐ BEACH
- ☐ SURF
- ☐ SPRAY
- ☐ FOAM
- ☐ TIDE
- ☐ WAVE
- ☐ ICE
- ☐ RAIN
- ☐ SNOW
- ☐ HAIL

```
N D R S N O W X Y A O E Y S P
M K R F F U V Y I T N A P M Y
A O O A Y P B S P A B I X R R
Z A L A K E N E S V L S R R J
M F J F Q L L M E C W G E A U
P U K E E R C E T D M V O A M
H R Z I M L D O O S I Z G H Q
C F M H G W H O V R Y T O M D
A Y V I G A S P R A Y I N W M
E L I A H V F A Q B S W I C W
B O T G Q E C S L G U V A G B
H O H O X F Q Q C N R F R O P
U P I F V N A G Z D F Q F J I
N L A G O O N N A E C O I C F
V W B X D P O N D P G Y E B I
```

102. Soil Safari

- ☐ DIRT
- ☐ CLAY
- ☐ SAND
- ☐ SILT
- ☐ LOAM
- ☐ PEAT
- ☐ MUD
- ☐ STONE
- ☐ BEDROCK
- ☐ EARTH
- ☐ HUMUS
- ☐ GRAVEL
- ☐ ROCK
- ☐ WORMS
- ☐ ROOTS
- ☐ FOSSILS
- ☐ BUGS
- ☐ MINERALS
- ☐ SOIL
- ☐ COMPOST

```
K O D B K L V N D U M I A X P
C Z T E D S V D N A S Q B S G
O S C O J I B Z W L S Z E U W
R L M V C L A Y G R U Z D E P
X A A F H T R A E O M S R J E
O R O X L G F G A O U O O C A
B E L X L S S Z P T H U C W T
A N F B C O M P O S T C K O A
W I S F L E R Q Q S T O N E U
V M Z L O L O S B U V V I C A
L T K B J S W D O V Q E I W Z
Q H A X O O S T C I K X T I F
X L E V A R G I A H L Y R U Z
B R S G U B C B L Q U Q I U J
H J Z M M M Z Z U D S B W D G H
```

103. Noise Nuisance

- [ ] BANGING
- [ ] CLATTER
- [ ] BELLOW
- [ ] SCREECH
- [ ] HONKING
- [ ] BUZZING
- [ ] SIRENS
- [ ] YELL
- [ ] YAPPING
- [ ] BLAST
- [ ] RATTLE
- [ ] SQUEAK
- [ ] WHINING
- [ ] ECHO
- [ ] SHOUT
- [ ] BLEAT
- [ ] SQUAWK
- [ ] GROWL
- [ ] DRONE
- [ ] THUNDER

```
D S G J T I I W A L W S N Y T
A I N W G N I K N O H O X U V
V R I O F C S Y A B L E A T S
Q E Z L J Q L X S Q U A W K O
J N Z L D I W K O O V R D Z M
E S U E L L E Y U E Y E X F I
A E B B A J A I D L A T S T M
H C R E D N U H T T P T L U S
C H K T Q S M J E T P A T O Q
E O Z Y E D U N K A I L S H U
E D E J G A O S F R N C A S E
R Q L W O R G N E D G N L H A
C I P B D G N I G N A B B X K
S F W H I N I N G G K W L A V
Y C Q Q M F Q T K X X W A U I
```

104. Light Labyrinth

- [ ] MAZE
- [ ] GLOW
- [ ] BRIGHT
- [ ] SHINE
- [ ] PATH
- [ ] ILLUMINATION
- [ ] TWIST
- [ ] TURN
- [ ] BEAM
- [ ] TORCH
- [ ] LUMINOUS
- [ ] WAY
- [ ] RADIANT
- [ ] SPARKLE
- [ ] LIT
- [ ] GUIDE
- [ ] JOURNEY
- [ ] WANDER
- [ ] LAMP
- [ ] EXIT

```
W F Z G T D E L A M P K W S Y
O W A N D E R Y T S I W T M A
L I L L U M I N A T I O N I I
G P O L G D I H R M A Z E M V
L Y V Z F P R M T G D R S I Q
I F T X Y C A G U I D E U P E
T H W U H A T T U K X T O X A
H R D O Y Z W O H X H E N I U
X E A I S L M R R G A L I R I
I A R D H K A U I C O D M T N
E A U R I N E R D L H B U E K
J R F S N A B K I K W R L S U
D N G L E C N Z L J N F Q M P
K K V X O C J T J O U R N E Y
B X J M Q E L K R A P S C A D
```

105. Plastic Problem

- ☐ WASTE
- ☐ POLLUTION
- ☐ TRASH
- ☐ RECYCLE
- ☐ LANDFILL
- ☐ DISPOSAL
- ☐ OCEAN
- ☐ BAG
- ☐ BOTTLE
- ☐ SYNTHETIC
- ☐ MICROBEADS
- ☐ BPA
- ☐ TOXIC
- ☐ LITTER
- ☐ DUMP
- ☐ PETROCHEMICAL
- ☐ SINGLE-USE
- ☐ GARBAGE
- ☐ STRAWS
- ☐ TURTLES

```
D C X B P A O S Z H M Q L B I
E T E K L V K X N S E Q A O S
L O W E S U E L G N I S C T Y
C X Y S Y N T H E T I C I T B
Y I N O I T U L L O P S M L G
C C L A N D F I L L W C E E F
E R D T B B U C V A C E H L N
R E Y U V Z A U R W H G C I X
G T O R A L Y T X Q I A O T O
H S I T H E S D U M P B R T Y
S A N L A S O P S I D R T E L
A W W E B U M G C P I A E R Z
R I J S O X E P X Z Q G P B U
T S C U S G L N A E C O T F U
O X B A G M I C R O B E A D S
```

106. Pollution Puzzle

- ☐ SMOG
- ☐ GRIT
- ☐ ACID
- ☐ OZONE
- ☐ HAZE
- ☐ MUCK
- ☐ SLUDGE
- ☐ SMUT
- ☐ DUST
- ☐ SMOKE
- ☐ TOXIN
- ☐ LEAD
- ☐ SOOT
- ☐ WASTE
- ☐ LITTER
- ☐ SULFUR
- ☐ PLUME
- ☐ FUMES
- ☐ MIRE
- ☐ GUNK

```
S Z A N I V V T M Z J T M L Z
X P L E S D G R I T O Z O N E
A H P R M C Z V E Q E D O J R
S L S I O H L H M D P T I V N
G P I M G O O P I D G Q P C Y
M Q S T P C X E T S A W A S A
E F L R T L F C I T O X I N R
B F U A R E U K S E M U F L V
J F D T J M R M L G O H A I T
C T G G Q J J M E K M L O D I
E H E L T O O S X S M U T N J
H M D V E E H T P G G W C T L
O L P U X A Q A U X S M O K E
I G X U S P D N Z R U F L U S
R H Y A J T K V B E L E F O T
```

107. Compost Conundrum

Word list:
- SOIL
- PILE
- HEAP
- MOLD
- FUNGI
- MULCH
- WASTE
- DEBRIS
- LEAVES
- ORGANIC
- DECAY
- NUTRIENT
- NATURE
- GREEN
- BROWN
- EARTH
- COMPOST
- GARDEN
- WORMS
- RECYCLE

```
R H C L U M E C O M P O S T L
K Y C E O Q R E Y Y V M W O E
E S M R O W A U N W O R B H U
R E N T N U I H L E Y H J F D
U E L Q T S N H X E A N G A L
T I S O S O I L E M A R I V O
A J G N Z X J R E A G V T V M
N O Y N X Z X R B R P K E H T
H R Y W U G R J E E V S L S N
T G A K V F D E N B D G C M E
O A C H B P N A E K S L Y V I
H N E E B Y E K D G N Q C V R
W I D M L G J T R B F R E Q T
B C Z R W I V D A R H R R V U
K W G S V B P Z G W A S T E N
```

108. Electric Excursion

Word list:
- PLUG
- CHARGE
- HYBRID
- BATTERY
- POWER
- GRID
- BOLT
- AMP
- VOLT
- DRIVE
- ECO
- TESLA
- LEAF
- ELECTRIC
- JOURNEY
- ION
- SPARK
- WIRE
- NIRO
- ENERGIZE

```
H C H A R G E V K K M O N L I
L I A R N I R O K T R A L S B
R G Y G D R X C P F L A X V T
X U E D S Y G T D V W O P X L
R L V L S B A T T E R Y B S O
R P H O E U H Z L E Q N L P V
E R Y S R C G P X H X I Q Q L
Z E B I P B T D I R G E L O Q
I W R Y X Q V R D A V C N C L
G O I C E D V Q I I U S F E K
R P D S R N C F R C O N N X P
E N A I I L R D T E S L A E C
N O G G W E E U F O U H Z R H
E I P P D U N A O U M H O X L
A P M A Q M V W F J D K S G D
```

109. Transportation Trek

- ☐ CAR
- ☐ BUS
- ☐ BIKE
- ☐ SHIP
- ☐ TRAIN
- ☐ VAN
- ☐ TAXI
- ☐ BOAT
- ☐ PLANE
- ☐ TRAM
- ☐ FERRY
- ☐ COACH
- ☐ TRUCK
- ☐ YACHT
- ☐ SKATE
- ☐ JOG
- ☐ WALK
- ☐ RIDE
- ☐ FLY
- ☐ SAIL

```
Y S O S Z E Y E X M K X N Z K
J J V E N E P N P Z Q R R B T
A B J A P W A L K I Y T I S D
O J L E T X E E J O G R J D E
D P Q H E T W P T N T U F A E
J S V Y C S B Y F B D D X D U
O A P C G A U Y L F I K G T U
N A R L A H O B K J M K F R V
N T A W A R E C L A P S E A B
P S A R U V S L R C V A R I B
I G J X O H E T B X M I B N P
C C L V I R T H C A Y L D K K
A B F P Y K A N S Y F E R R Y
W P M Z O O K P Q B O A T I A
Z M Y Z Z N S C V N Z E X Z R
```

110. Bike Bonanza

- ☐ CYCLE
- ☐ PEDAL
- ☐ HELMET
- ☐ SPOKES
- ☐ BRAKE
- ☐ TREAD
- ☐ GEARS
- ☐ CHAIN
- ☐ FRAME
- ☐ HANDLE
- ☐ SEAT
- ☐ RIM
- ☐ GRIP
- ☐ PUMPS
- ☐ LIGHT
- ☐ BELL
- ☐ TIRES
- ☐ RACK
- ☐ SPEED
- ☐ TRAIL

```
K O P T Z T N I X J P C V L M
C C I V L J L V D S T E K I U
A A Y S U O A P D P E S D I B
R G B C L I G H T E M I R A S
X T M N L U K K G E L N X E L
E B J O L E Q R B D E H R N T
H K F I F U T H Y Z H I H H A
F S A S P M U P H J T M K F E
H R Y R R X X A B S A B G D S
T A Q L Z B Z N J Y B L V U V
D E A E P D F V T S P O K E S
L G C C L B R E R K C H A I N
R L D E H S A Z E G R I P E J
M O E F E N M Q A R N Z X I J
Y R Q B E L E V D Q T I F Q X
```

111. Urban Utopia

- [ ] CITY
- [ ] GREEN
- [ ] PARKS
- [ ] LEISURE
- [ ] HARMONY
- [ ] FUTURE
- [ ] PEACE
- [ ] SOLAR
- [ ] COMMUNITY
- [ ] CULTURE
- [ ] DIVERSITY
- [ ] GROWTH
- [ ] HAPPINESS
- [ ] INNOVATION
- [ ] SUSTAINABLE
- [ ] TECHNOLOGY
- [ ] WELLNESS
- [ ] EQUALITY
- [ ] CLEAN
- [ ] PROGRESS

```
A L P P X S S E R G O R P M D
Y D H A N T T Q H E U M B Z I
T I A Q R B I Q R B P E A C E
I V P T K K F U H T W O R G M
N E P T D J S L X L F L H V T
U R I C F I E R U T L U C E N
M S N B E E E R U T U F C L S
M I E L S Q A A M G M H R B S
O T S U S U S T A I N A B L E
C Y S O C A U O G O G Y I A N
H B L K L L T A L R T D I V L
F A B J F I G O E I X D C A L
R W X A S T G E C Y Y Z B B E
C L E A N Y N H A R M O N Y W
O I D N O I T A V O N N I W Z
```

112. Green Gem

- [ ] EMERALD
- [ ] PERIDOT
- [ ] JADE
- [ ] TOURMALINE
- [ ] MALACHITE
- [ ] AVENTURINE
- [ ] AMAZONITE
- [ ] SERPENTINE
- [ ] ZIRCON
- [ ] GARNET
- [ ] GASPEITE
- [ ] PREHNITE
- [ ] DIOPTASE
- [ ] VERDELITE
- [ ] CHRYSOCOLLA
- [ ] MOLDAVITE
- [ ] TSAVORITE
- [ ] VESUVIANITE
- [ ] PRASIOLITE
- [ ] VARISCITE

```
B N N S E T I N H E R P T Y E
Y K A L L O C O S Y R H C B M
Y K S E R P E N T I N E P B E
E T I L O I S A R P T R Z E R
D D V E S U V I A N I T E D A
Q N T D I O P T A S E T K A L
V O E E M Q Q O Y M R A Q J D
A C T T A T E T I R O V A S T
R R I I L B D F W T E N R A G
I I E L A O T O D I R E P J U
S Z P E C J A M A Z O N I T E
C D S D H T O U R M A L I N E
I R A R I G M O L D A V I T E
T V G E T A R D Z R A P X P H
E V N V E A V E N T U R I N E
```

113. Garden Glory

- ☐ ROSE
- ☐ TULIP
- ☐ FERN
- ☐ LILY
- ☐ SOIL
- ☐ SEEDS
- ☐ GRASS
- ☐ BLOOMS
- ☐ VINES
- ☐ POTS
- ☐ BUDS
- ☐ LEAF
- ☐ STEM
- ☐ PETALS
- ☐ MULCH
- ☐ HERBS
- ☐ IVY
- ☐ MOSS
- ☐ BULBS
- ☐ BARK

```
P Y S K I A N D E R O S E S L
D R F V R S T O P L I L Y V S
P D Y U Q A T U A U L D I B O
S M U L C H B Q C P S S A R G
D L O M Y S E N I V S L A U Y
U S V E V N Y L C L V X E Q Y
B B L T Y L U H Y B Q U S A M
P R M S P T O B P Z O S B M F
U S L A T E P L X Q L Z R U G
W S Y J P F R O D N N R E F E
D O Z H L A Q O K A M B H D S
D M J I Y K M M L H U E D E D
D U O N M M S S F L S L E W J
A S I B J M A G B S W D K X E
I V K I M L X S I A S N Z J K
```

114. Farmers Market Find

- ☐ APPLES
- ☐ CORN
- ☐ BERRIES
- ☐ PEPPERS
- ☐ GRAPES
- ☐ FLOWERS
- ☐ PEARS
- ☐ POTATOES
- ☐ TOMATOES
- ☐ SPINACH
- ☐ SQUASH
- ☐ PUMPKINS
- ☐ HONEY
- ☐ PEACHES
- ☐ RADISHES
- ☐ CABBAGE
- ☐ CARROTS
- ☐ LETTUCE
- ☐ ONIONS
- ☐ PEAS

```
M L H W S J S N O I N O O O T
S S N R O C S E H S I D A R N
R J T F O P C P B P P N G X
E X G S M U Z K A Z G N E B O
P L H P T X G H H O N E Y A F
P O S T D B S E H C A E P U S
E X E M D V H Z S C C H A E G
P L O A N K P A A X O E O S S
S T T P C G W R U R R T F N H
R C A P I A R A Q D A S L I C
A J T L H O B H S M R E O K A
E U O E T W M B O U Z P W P N
P W P S P S Z T A D F A E M I
B E R R I E S A H G X R R U P
X Z W J T B V J U X E G S P S
```

115. Organic Oasis

- ☐ ECO
- ☐ GREEN
- ☐ SOIL
- ☐ HERBS
- ☐ SEEDS
- ☐ GRASS
- ☐ FLORA
- ☐ LEAF
- ☐ PURE
- ☐ BUDS
- ☐ WORMS
- ☐ COMPOST
- ☐ NATURAL
- ☐ WATER
- ☐ FRUITS
- ☐ FLOWERS
- ☐ BERRIES
- ☐ GARDEN
- ☐ SAGE
- ☐ ROOT

```
H A S G A G B Z E W F U T Z B
L A R U T A N Z G F Y B S L T
O D H Q B S K J A A U B I P O
S P U R E F T E S D R O X P V
G T T S F N S J S O S K V X I
B D F O R E O L O W C E F H T
Z J A R U D P T N P F S L W A
Y H E Q I R M B N U L E O E W
K J L R T A O Y E C O I R Z A
V T X V S G C E K S W R A J T
S G M W O R M S D H E R Q S E
L S O X L G R E E N R E X F R
E S A E X S E R L D S B E V V
G Z D R B S B E E E M Z B O M
D G Q N G S I O E N Q J G F F
```

116. Vegetarian Voyage

- ☐ TOFU
- ☐ GREENS
- ☐ SOY
- ☐ BEANS
- ☐ QUINOA
- ☐ LENTIL
- ☐ OATMEAL
- ☐ BROCCOLI
- ☐ APPLE
- ☐ BANANA
- ☐ CARROTS
- ☐ BERRIES
- ☐ ALMOND
- ☐ CELERY
- ☐ RAISIN
- ☐ PEAS
- ☐ PUMPKIN
- ☐ CHIA
- ☐ TOMATO
- ☐ WALNUTS

```
A W A L N U T S O O R I O M N
I L O C C O R B A T T V T A F
A P P L E J W C T O E A W X M
N J A N A N A B M F J Y M J G
L R J S C U T Q E U S R Q O D
Q X L U H J B E A N S E L S T
P L K Y U L U M L U S L S A N
A E I Q U I N O A G T E E E S
L N O A E A T G S R O C I P Q
M T E U L A Z K O E R M R S S
O I L H L C F D Y E R X R U Y
N L I R F P F H A N A H E L X
D P U M P K I N I S C D B P Z
Q D N I S I A R H F E D P A P
K O H T B B B M B C F N L D J B
```

117. Vegan Venture

- [ ] VEGGIE
- [ ] TOFU
- [ ] QUINOA
- [ ] SALAD
- [ ] HUMMUS
- [ ] ORGANIC
- [ ] FRUITS
- [ ] LENTILS
- [ ] SEEDS
- [ ] ALMOND
- [ ] MILLET
- [ ] OATMEAL
- [ ] SMOOTHIE
- [ ] SPINACH
- [ ] MUSHROOMS
- [ ] KALE
- [ ] AVOCADO
- [ ] BUCKWHEAT
- [ ] BERRIES
- [ ] RADISH

```
C X N U A E T J F W J R B O M
M L C S O T E A S D E E S R J
U A C M N O D I E W K A E G W
S E E O I F N U G H X U S A C
H M W O U U O A K G W Z P N I
R T C T Q T M S S O E K D I U
O A E H S S L O L E R V C C K
O O R I A E A D I O A H E U T
M S V E L I N A T W V Q S H B
S T B N A R I C N Z M P H S S
C I B M D R E O E E I L U I K
B U T K J E L V L N L Q M D N
T R P W Z B A A A E L U M A C
J F T K X D K C F W E C U R U
S A F K O K H S C S T M S Z H
```

118. Plant-Based Puzzle

- [ ] SEED
- [ ] FRUIT
- [ ] LEAF
- [ ] STEM
- [ ] ROOT
- [ ] SPROUT
- [ ] BLOSSOM
- [ ] FERN
- [ ] VINE
- [ ] BARK
- [ ] TWIG
- [ ] BUD
- [ ] BERRY
- [ ] PETAL
- [ ] THISTLE
- [ ] BULB
- [ ] SAP
- [ ] MOSS
- [ ] PULP
- [ ] HUSK

```
Y M T D Z X V C M X P T F G A
K R A B E R R Y V T I O M J S
N B O E Q E F D S E I M X X E
V J I L A T E P E I T U W Y E
Z Z T T R H U S K O N G R W D
B U B S K I G M O A A H C F W
Y C U I Z T U R O D Y A Z G R
T Y L H W Y V M L S Q N J I U
K U B T A K P H E S S I I W W
F W O W O L G L T F P O F T X
E F V R U V L E A F Q A L O O
X E V P P W M O V U J N S B X
I M I Y S S R P N R E F L B Y
C U N C S S O M U K Q M U P H
N M E H N Y T M V J Z D M T B
```

119. Fitness Frenzy

- [ ] EXERCISE
- [ ] WORKOUT
- [ ] STRETCH
- [ ] RUN
- [ ] WALK
- [ ] LIFT
- [ ] SWEAT
- [ ] GYM
- [ ] BIKE
- [ ] ROW
- [ ] YOGA
- [ ] PUSHUP
- [ ] SITUP
- [ ] SQUAT
- [ ] JOG
- [ ] PLANK
- [ ] SWIM
- [ ] CRUNCH
- [ ] SPIN
- [ ] DANCE

```
H P O H T B N V D A N C E Z Y
S B M W A S B G G G L P R U N
V Z P V F O N I M Y G O P E E
S Q U A T N I Y F G M L W O R
H S L G L E P O H G A H R Y D
C W C T E H S G K N E M M C T
T E K I B Q E A K L M L I F T
E A Q Z L O X N E J A T W K O
R T X Y Q U E H U V B W S E I
T N J P H R R R C U E E B B C
S O L U X T C Q L V X R C W O
G H K T G D I C R U N C H D J
Z K R I A P S T U O K R O W H
Y I I S U L E S P U S H U P Z
E R I L L B X E V Z Y K B M Z
```

120. Yoga Yarn

- [ ] ASANA
- [ ] BREATH
- [ ] CHAKRA
- [ ] DHYANA
- [ ] ENERGY
- [ ] FLOW
- [ ] GURU
- [ ] HATHA
- [ ] IYENGAR
- [ ] JNANA
- [ ] KUNDALINI
- [ ] LOTUS
- [ ] MUDRA
- [ ] NAMASTE
- [ ] OM
- [ ] PRANA
- [ ] QUIETEN
- [ ] RAJA
- [ ] SUTRA
- [ ] TADASANA

```
D V S A N A S A D A T W Z Z K
W G T R P S Y N A N A S A P K
Z H I H U H E G K Y U P P Y D
I F H T C T R A G N E Y I D O
J C O C E A A N A M A S T E P
H L I I I E W S O S Q C A D U
L F U N K R W O L F R H B C E
I Q D E I B B D H A T A J A R
V B A H Q L Y Q O A B K O N E
M O H N Y Y A S H B Z R J N T
K B Y A A A R D U M L A S D E
R D U N Q R N B N A K U B X R
B X H A G M P A V U T C R P G
C B C N F Y X M Y R K Z C U Y
U Q U J Z E V X A E Y V H O G
```

121. Meditation Maze

CALM
PEACE
BREATHE
YOGA
MIND
ZEN
FOCUS
BALANCE
MANTRA
TRANQUIL
RELAX
CHAKRA
STILLNESS
INSIGHT
MEDITATE
PRESENCE
SERENE
MINDFUL
SUTRA
ENERGY

```
D X Y A H P O V J M K P P N A
V M E D I T A T E E L N D W V
P R E S E N C E P N S A K M M
T H G I S N I Q V E T X C E E
E M L P R V O J F R R S E S C
B Z U Y E Q A G A G E N Y T N
R E F E N G F N U Y C Z L I A
E N D M O W Q A R K A H C L L
A F N Y M U M Q S L E L K L A
T L I R I A J Q R E P S S N B
H W M L N U Y E N U U U Z E Q
E P W T D K L E R C T W K S B
D Y R O M A R I O R R K E S B
D A U Q X E X F A Q U F I T G
V Z K S S A J O O E D B U Z U
```

122. Mindfulness Mission

AWARE
FOCUS
BREATH
CALM
MIND
NOW
ZEN
PEACE
MOMENT
RELAX
PRESENT
CONNECT
SENSE
YOGA
MEDITATE
BALANCE
STILL
HARMONY
INSIGHT
GROUNDED

```
L A R D Q W D H U U V V Y S X
M L A C H A R M O N Y G T T O
H A A Y P J J J E C M R N Y D
K R W J E E S U C O F O E U N
W J W T T D C K I Y E U S D X
O O D W A W G W I R S N E N O
N C W Y T Z E N A Q E D R I H
I T L O I U S W R J N E P M T
Q K D G D T A T Z O S D N D A
F M R A E H Y G I W E V E B R
E L O L M G Q Y P L B X O J R
C I G M H I E F C X L Z M T B
A T Y V E S Y B A L A N C E Z
E Q T R O N Y C C O N N E C T
P R H R P I T X H V R E L A X
```

123. Relaxation Retreat

- [ ] SPA
- [ ] YOGA
- [ ] MASSAGE
- [ ] PEACE
- [ ] CALM
- [ ] REST
- [ ] HEALTH
- [ ] POOL
- [ ] SAUNA
- [ ] DETOX
- [ ] SLEEP
- [ ] SERENE
- [ ] RETREAT
- [ ] RELAX
- [ ] MEDITATE
- [ ] NATURE
- [ ] HIKE
- [ ] SWIM
- [ ] BREATHE
- [ ] UNWIND

```
R Q F H Q U N W I N D U E E Z
N U Y S C B X Q T P B R N G B
T H I K E E R A T E B A E A R
N Q I P K S E Y B E N R R S E
J L O P C R X R Q L R C E S A
J O K E T A A O E S F E S A T
L E M E C T L R T D J Q L M H
R T R P Q A U M M E J H V A E
V A M I P T E Q S A D E Q H X
K T I H A O T P N L B A S P H
Y I W N L P J U U R T L O O G
K D S H R S A C I O S T D A W
O E C Z B S X L C A E H P T Q
T M I B Q A G O Y B R S J Q F
W A B E U B J I J P S E G E H
```

124. Stress Relief Safari

- [ ] RELAX
- [ ] CALM
- [ ] BREATHE
- [ ] NATURE
- [ ] BALANCE
- [ ] PEACE
- [ ] LISTEN
- [ ] SILENCE
- [ ] SAFARI
- [ ] ANIMALS
- [ ] UNWIND
- [ ] ZEN
- [ ] QUIET
- [ ] REST
- [ ] PAUSE
- [ ] BIRDS
- [ ] ESCAPE
- [ ] ENERGIZE
- [ ] CHILL
- [ ] FREEDOM

```
A E O T N E R J M J S R G D U
T B Z R E L A X O W S D U V O
P Z N I Z Q C C D Q L E R Y U
I E J A G Z T A E M M S Y I C
P H W N A R D L E M G C L P B
P T V I F G E M R C V A Z M S
A A S M U O B N F A P E O C
U E L A N G K O E I W E N D A
S R G L E R U T A N S P P X B
E B P S T E I U Q I L S U F A
Z O M N C H O B L G I A N K L
E C H H R Q R E F E S F W K A
Z J I E A E N I T S T A I Y N
Y L S O L C U Y R Y E R N X C
L T N S E G C O G A N I D B E
```

125. Self-Care Safari

- [ ] SLEEP
- [ ] MEDITATE
- [ ] YOGA
- [ ] MASSAGE
- [ ] HYDRATE
- [ ] RELAX
- [ ] BREATHE
- [ ] STRETCH
- [ ] NATURE
- [ ] HIKE
- [ ] READ
- [ ] LAUGH
- [ ] JOURNAL
- [ ] SWIM
- [ ] PAINT
- [ ] COOK
- [ ] WALK
- [ ] DANCE
- [ ] REST
- [ ] SING

```
D A E R K K Y D B V D R W A F
A R J P M N I I I N N C G F M
Z T E A Z A E D J A H X U E E
U E R S F T S I N G A I D G Y
C T K M T U P W T L E I K I Q
C A L T W R E W E X T C U E X
E R V D E E E R Z A J K N J B
V D Z N N K L A T E O O L A V
P Y A Y H L S E B H U O J F D
C H A G L A U G H T R C G T N
X I Q O O W G I G A N L E N M
W Z Z O A Y H O B E A P N I I
G I E H W V O V O R L O W A V
E O S T R E T C H B P S H P Q
T N E G A S S A M O R H B U P
```

126. Wellness Wonderland

- [ ] YOGA
- [ ] MEDITATION
- [ ] NUTRITION
- [ ] EXERCISE
- [ ] HYDRATE
- [ ] VITAMINS
- [ ] SLEEP
- [ ] BALANCE
- [ ] WELLNESS
- [ ] WALK
- [ ] PILATES
- [ ] STRETCH
- [ ] HYGIENE
- [ ] ORGANIC
- [ ] RELAX
- [ ] CALM
- [ ] BREATHE
- [ ] FITNESS
- [ ] ENERGY
- [ ] DETOX

```
E H T A E R B Y G R E N E T D
S R O L K K A R N H S O M Y A
M N E S L E E P J L S I I Z J
E U I A N T X D M G E T O S E
D I W M Y H W E F W N I L X C
I Y I A A Y C T T E T R X E U
T E L M W T W O E L I T L S Z
A Q N R L O I X E L F U E I O
T U D E Z A G V C N C N T C E
I I X L I S C V N E I I A R O
O Z P A S G P G A S N G R E M
N Z Y X K S Y U L S A V D X C
A G O Y B J S H A N G S Y E I
H C T E R T S I B T R I H L I
S E T A L I P Y W T O A D G G
```

127. Mental Health Mystery

- [ ] MIND
- [ ] SECRET
- [ ] THERAPY
- [ ] PUZZLE
- [ ] CLUE
- [ ] TWIST
- [ ] HIDDEN
- [ ] UNCLEAR
- [ ] SINISTER
- [ ] FOGGY
- [ ] RIDDLE
- [ ] ENIGMA
- [ ] MYSTERY
- [ ] UNKNOWN
- [ ] VEILED
- [ ] OBSCURE
- [ ] CRYPTIC
- [ ] CLOUDED
- [ ] MUDDLED
- [ ] VEIL

```
K A S A Z J G T A D Y S I F M
P F N M L Z T W I S T T C E S
T Y W V E I L H N E D D I H I
D A M G I N E Z E H A G C S K
E I N W O N K N U R O W L I D
D Q M C R Y P T I C A R U N W
U S U D G J R J Y P Q P E I Q
O E D M I N D R T R W H Y S G
L C D I R X N P I D E F L T J
C R L L A W Y M U Y E T W E X
T E E R U C S B O Z C L S R W
U T D O Y G G O F W Z M I Y S
N I E H G Q G K S Z C L Q E M
R U N C L E A R I V K G E M V
S E L D D I R G N T X R U S Y
```

128. Happiness Hunt

- [ ] JOY
- [ ] SMILE
- [ ] BLISS
- [ ] DELIGHT
- [ ] LOVE
- [ ] LAUGH
- [ ] PEACE
- [ ] SERENE
- [ ] GLOW
- [ ] HOPE
- [ ] CHEER
- [ ] WARMTH
- [ ] KINDNESS
- [ ] FONDNESS
- [ ] LIGHT
- [ ] PLAY
- [ ] BRIGHT
- [ ] UNITY
- [ ] COMFORT
- [ ] DREAM

```
G P U P Q K C D E L I G H T B
K L L E V B H H W Z T L O V S
N A W L Z D E T L T X H O J J
Y S S I L B E T U H B B G V H
B A K M J D R N U G T C D I E
K L V S C O I N U I D W G D L
P I C T F T A R F R A I W T W
U R N M Y L H L E B J Z C K O
V E O D R X S A E N E R E S L
E C C U N S M U P C P A W Q G
Y P R A Y E F G T Y O I H K V
J B H B E O S H Z L H S D M D
K K B P F P J S W Y Y H C Z Z
L F U F A F O H T M R A W K R
V Z Z S S E N D N O F H W L D
```

129. Joyful Journey

- ☐ TRAVEL
- ☐ ADVENTURE
- ☐ FUN
- ☐ EXPLORE
- ☐ FREEDOM
- ☐ DISCOVER
- ☐ ENJOYMENT
- ☐ OBSERVATION
- ☐ RELAXATION
- ☐ JOURNEY
- ☐ HAPPINESS
- ☐ TOUR
- ☐ WANDER
- ☐ EXCITING
- ☐ THRILL
- ☐ SIGHTS
- ☐ JOY
- ☐ REJUVENATE
- ☐ LEISURE
- ☐ VACATION

```
G E U T E R A N Q X W H U U M
B F E R V C A T M Q S D C T V
M R X A D F O N E R O L P X E
E E C V T U P U X T Y X D M C
T E I E R X X S X W A N D E R
A D T L C A D V E N T U R E D
N O I T A V R E S B O H P J D
E M N B H E N J O Y M E N T Y
V S G R E L A X A T I O N Q O
U X T Z S T H R I L L F U N J
J C B H B J E J O U R N E Y W
E I D D G H M L E I S U R E W
R A N E R I R E V O C S I D Q
X O T Z F Z S N O I T A C A V
P O X U B L H A P P I N E S S
```

130. Gratitude Game

- ☐ THANKS
- ☐ GIVING
- ☐ GRATEFUL
- ☐ BLESSING
- ☐ APPRECIATE
- ☐ KINDNESS
- ☐ JOYFUL
- ☐ POSITIVITY
- ☐ EMBRACE
- ☐ RECOGNIZE
- ☐ REJOICE
- ☐ HAPPY
- ☐ GENEROUS
- ☐ PRAISE
- ☐ GIFT
- ☐ LOVING
- ☐ WISH
- ☐ SHARE
- ☐ CHERISH
- ☐ SMILE

```
Y P S U O R E N E G E L I M S
E O D D P Y D T H A N K S D H
R S Q P Z F Y H E O W N K R R
Y I I R S P T O M H S H A R E
O T K A P Q P Z B P V K D Q C
G I S A R U F H R R C I J E O
N V H X E P Y O A E Z N C T G
I I V L Z G G J C J N D H A N
S T I O F I R O E O V N E I I
S Y A V G V A Y O I Z E R C Z
E H S I W I T F G C G S I E E
L K O N I N E U K E I S S R T
B N R G R G F L B U F W H P O
O T Q F H I U A N T T F O P L
P X H K E O L P O R L K Q A Y
```

131. Positivity Puzzle

- ☐ SMILE
- ☐ HOPE
- ☐ JOY
- ☐ BLISS
- ☐ GRATITUDE
- ☐ FAITH
- ☐ HARMONY
- ☐ VICTORY
- ☐ LOVE
- ☐ SUCCESS
- ☐ PEACE
- ☐ GOODNESS
- ☐ PRIDE
- ☐ CHEER
- ☐ BELIEVE
- ☐ TRUST
- ☐ HUMOR
- ☐ GLORY
- ☐ PATIENCE
- ☐ CONFIDENCE

```
L W S H U M O R S I V Y Q D N
H G Q Y O J M C V X R F S Z E
E R G E C A E P X O A S T W D
I C O K V R P A T I E N C E U
A E N D N H L C T O S I U I T
Y B O E B T I H T Y S D R A I
N L Z E D V W S G M E K G N T
O I K A T I U C V J N U L L A
M S U L N R F D D D D F O Q R
R S G P T X R N C F O D R T G
A S S E C C U S O P O F Y I C
H O P E O F Z K O C G T Q C H
S M I L E V E I L E B L O V E
H S L M K N D H I L A N X U E
O P R P T K F W A P R I D E R
```

132. Inspiration Island

- ☐ BEACH
- ☐ SUN
- ☐ OCEAN
- ☐ SAND
- ☐ PALM
- ☐ WAVE
- ☐ DREAM
- ☐ EXPLORE
- ☐ HOPE
- ☐ RELAX
- ☐ INSPIRE
- ☐ DARE
- ☐ IDEA
- ☐ REST
- ☐ PEACE
- ☐ SHINE
- ☐ VISION
- ☐ CREATE
- ☐ GLOW
- ☐ HARMONY

```
Z H C P O W B D Z C N O N E G
T J H A R M O N Y L R C B T K
N J R Y V N R Q D X Y E Q K A
T V V I S I O N A E D A A E P
Q F P U E W Y I R H F N D T E
F D E F X O N R E P K I T Z E
M H A J G L C W S U N S G I E
F I C C M G E U I C E Q B N E
U V E A W Z G V P R B K E S R
S Q E I O M L A A K Z V A P O
I R W X A L E R R W V G C I L
D J C X Y A E N I H S H H R P
U D Y D K P W B D N A S O E X
O D S U Q E K L X Q P T I P E
V E U J H L M K V O L T B H E
```

133. Motivation Marathon

INSPIRE
ENDURE
GRIT
GOAL
PACE
STAMINA
SPIRIT
EFFORT
RACE
PEAK
TRACK
MEDAL
MILES
RUN
STRIDE
THIRST
SWEAT
ENERGY
PACE
FINISH

```
L F T E B L G I H M S Q R D E
O E F F O R T P E A K Q Q N J
T L G R I T R C R K W R N B Y
O V P N Q A Z U P W U K M H W
J N H Z C X N A T B C T T D S
E F X E Y X C A D A I H S J H
J Y F D K E S Q R G N I W C C
B H S I N I F T O E S R E I U
D I Q R A G D A C M P S A D Q
T X F T S E L I M K I T T S E
Q S O S S Y T L F X R Y P R D
P A C E M E D A L D E I U O I
U Q Z P E N E R G Y R D V Y A
W G Y R W A W E T I N F I E I
A N I M A T S A T E K O I F P
```

134. Success Story

WIN
RISE
GOAL
PEAK
PUSH
FAME
GRIT
LUCK
LEAD
GAIN
BOOST
BUSTLE
CURVE
DRIVE
FLOURISH
GROWTH
HUSTLE
IMPACT
JUBILEE
KINDLE

```
S A E I P M D W U R D W K F E
S O F T U L R K P G V B R S L
Y I P I S F I V J J A R Y X T
O S X R H N P R T U I I R Z S
Q N N G D P J I W S B G N L U
N E L L R A T K E B I I E F H
A W E F L O U R I S H L L P Y
B L S T G I R H D X T L E E T
R Y I E S E M A F S N A B J E
P L I V H O T H U E K G O A L
N F N I T Z O B M I M P A C T
O J N R W R C B R L C W C A F
Y H Q D O T R Z B L L E A D W
Z Z P O R W I N O E U G F B V
K C U L G R V P O C U R V E X
```

135. Achievement Adventure

- ☐ GOAL
- ☐ VICTORY
- ☐ CLIMAX
- ☐ SUCCESS
- ☐ TRIUMPH
- ☐ JOURNEY
- ☐ RISK
- ☐ CONQUEST
- ☐ EXPLORE
- ☐ EFFORT
- ☐ WIN
- ☐ QUEST
- ☐ MEDAL
- ☐ AWARD
- ☐ PEAK
- ☐ VENTURE
- ☐ DARE
- ☐ TREK
- ☐ HATCH
- ☐ EPIC

```
C O N Q U E S T J T N D J E M
T A U D H D F Y O R M L U Q I
T Z H A T C H K U I U H A U P
Z F R W R X Z E R U X L L E M
B O S I R A J R N M D R B S V
E H S N E M P T E P A U C T I
Q K L L F I D I Y H R O E Z C
I S R A F L S G V B E N N J T
Y U U D O C U O C J S U C R O
G U C E R D C A H K A E P P R
S E M M T X C L D R A W A Z Y
V E N T U R E O C E P I C I L
S M C U J S S E X P L O R E Q
E V I C J M S M L K V J L C T
C V B C Y R O Q O U W M J J W
```

136. Goal Getaway

- ☐ FOCUS
- ☐ WIN
- ☐ SCORE
- ☐ AIM
- ☐ FINISH
- ☐ TARGET
- ☐ PURSUE
- ☐ ACHIEVE
- ☐ SUCCESS
- ☐ EFFORT
- ☐ PLAN
- ☐ VISION
- ☐ GOAL
- ☐ CHALLENGE
- ☐ JOURNEY
- ☐ REWARD
- ☐ PROGRESS
- ☐ VICTORY
- ☐ MILESTONE
- ☐ TRIUMPH

```
Z C H A L L E N G E S L P F E
L U G M T N V X G I Z A Q D Q
Z P U W W E J I S W Z O S R W
C L J W Y R O T C I V G I A Y
E A U N O I S I V C G U A W H
F N U Q P R O G R E S S S E O
F T E R E F A R E Y D M W R G
O R R G N C I O V E F I W I L
R O V I N Q M R E N E L Z S N
T E S P U H N W I R H E K U V
Z U U M B M F L H U S S V C E
B S C S U B P S C O I T W C S
P R O U W F X H A J N O J E I
L U F S C O R E M H I N A S B
K P T E G R A T F C F E W S R
```

137. Dream Discovery

Word list:
- [ ] VISION
- [ ] SLEEP
- [ ] UNCONSCIOUS
- [ ] SUBCONSCIOUS
- [ ] LUCID
- [ ] INSIGHT
- [ ] NIGHT
- [ ] SNOOZE
- [ ] FANTASY
- [ ] ILLUSION
- [ ] MESSAGE
- [ ] MYSTERY
- [ ] VOYAGE
- [ ] JOURNEY
- [ ] ADVENTURE
- [ ] QUEST
- [ ] IMAGINE
- [ ] EXPLORE
- [ ] SEEK
- [ ] DREAMER

```
H U N C O N S C I O U S X Z E
J I V O Y A G E I F H Q P O M
P W P C N V P V O N S E T W K
E D J I E G A S S E M X M X G
R Z G V S L K E E S S L E E P
U H Q B F A N T A S Y Z F R T
T S U B C O N S C I O U S B R
N T W C I P E X P L O R E Z D
E O H N S P D I C U L B Y R I
V Y I G Y R E T S Y M U E S M
D E U S I K M X F V J A N E A
A S H M U S U E E M M O R T G
Q Q W U R L N N X E O U U B I
N O I S I V L I R Z N K O K N
Q U E S T T H I E F A A J N E
```

138. Ambition Adventure

Word list:
- [ ] SUCCESS
- [ ] JOURNEY
- [ ] RISK
- [ ] POWER
- [ ] PURSUIT
- [ ] GOAL
- [ ] WIN
- [ ] TRIUMPH
- [ ] DARE
- [ ] VISION
- [ ] DREAM
- [ ] CLIMB
- [ ] PASSION
- [ ] EXPLORE
- [ ] DRIVE
- [ ] FIGHT
- [ ] SUMMIT
- [ ] QUEST
- [ ] BRAVERY
- [ ] STRIVE

```
J H I O D B E H Z W A S H I P
A X B W R M V N G S Q M I X S
P T V M E F I Q B E U C E K D
R K N M A W R L T I M M P I M
T E B P M E T V F R G J M O D
I A W K Q Z S I R I S K I I L
U N R O N O I S S A P K R C T
S G K Q P T T I Q B M I L C I
R A U W D S V O L A O G H J Y
U C S G E H Z N Z E E V U R O
P B S U C C E S S R J V E T T
O E Q A F R C Y G A G V I Q Z
L J O U R N E Y P D A I F R P
R Z F C H P M U I R T H W Q D
F E R O L P X E B T H G I F G
```

139. Passion Puzzle

- [ ] LOVE
- [ ] INTEREST
- [ ] DESIRE
- [ ] ZEAL
- [ ] ROMANCE
- [ ] ENTHUSIASM
- [ ] FERVOR
- [ ] AFFECTION
- [ ] LONGING
- [ ] INFATUATION
- [ ] ARDOR
- [ ] LUST
- [ ] HEART
- [ ] CRAZE
- [ ] DEVOTION
- [ ] DRIVE
- [ ] OBSESSION
- [ ] ADORE
- [ ] AMOUR
- [ ] HOBBY

```
R T S U L J J D R N E E L G D
E E R I S E D B X O G Z V K G
C O V W H E A R T I V H A O J
N R D R I V E C Q T E R M R L
A R I N A G X H L A N D E Q C
M Z D D V G S I I U T E U F E
O Z O A W R O I B T H V Y D A
R R U T F E B X O A U O B S H
E A G S Y F S A N F S T B A A
V W N E N Z E S K N I I O X C
P Z I R R W S C M I A O H A N
M E G E U S S F T Y S N R Z D
P F N T O N I M T I M D E J W
Y R O N M C O W G E O A I H Z
I L L I A W N Z Y R L N E B L
```

140. Creative Conundrum

- [ ] ART
- [ ] IDEA
- [ ] PAINT
- [ ] MUSIC
- [ ] DRAMA
- [ ] DANCE
- [ ] NOVEL
- [ ] POEM
- [ ] DESIGN
- [ ] CRAFT
- [ ] FILM
- [ ] SKETCH
- [ ] MURAL
- [ ] SCRIPT
- [ ] LYRIC
- [ ] IMAGE
- [ ] PALETTE
- [ ] VERSE
- [ ] CHISEL
- [ ] QUILL

```
U K H I S N D L D S G W E M T
Y B V K K S R E L G L G N M L
P X Z N E C A V A A S Y L K M
U K J I T R M O Y M Q I R H Q
S Z G F C I A N E E F C S I Y
F W H O H P D E S I G N X B C
L P A L E T T E D A N C E M F
M A H V M D A W J K C T E J Q
C C R A F T I L U E T R S P N
N F L U J T E I V K N A R M H
B N O L M S M F G N I H E W M
T Z I L I A D P Z K A O V I U
V U C H G U S C W W P C D C S
Y J C E O H Q V T L K E E C I
M H E E O B T I J L A S M X C
```

141. Imagination Island

- [ ] BEACH
- [ ] PALMS
- [ ] TREASURES
- [ ] SHIPWRECK
- [ ] MERMAIDS
- [ ] LAVAS
- [ ] FANTASY
- [ ] CRYSTALS
- [ ] PIRATES
- [ ] CASTLES
- [ ] DREAM
- [ ] OCEAN
- [ ] SEASHELLS
- [ ] CORAL
- [ ] JUNGLE
- [ ] RAINBOW
- [ ] WATERFALL
- [ ] EXOTIC
- [ ] MYSTERY
- [ ] LAGOON

```
Y Q R S E T A R I P V I X F S
R S D I A M R E M G T S K E S
E A S A V A L I T R M T A H K
T G M Q H F W L E A X S K T A
S K L I E B X A E B H T S P R
Y T A T S L S R M E H J E S C
M A P W R U D A L A R U L H R
W A T E R F A L L C E N T I Y
F Z X E T M S K B H B G S P S
C A S W O B N I A R N L A W T
Z O N O C E A N D O F E C R A
T K R T P W E X O T I C V E L
Y O J A A V H G T C A N R C S
U E A E L S A Z T W T P B K M
O R R V R L Y P N N Z H W Q L
```

142. Exploration Excursion

- [ ] TRAVEL
- [ ] GUIDE
- [ ] MAP
- [ ] COMPASS
- [ ] JOURNEY
- [ ] PATH
- [ ] TREK
- [ ] QUEST
- [ ] EXPLORE
- [ ] TRAIL
- [ ] CLIMB
- [ ] VENTURE
- [ ] VOYAGE
- [ ] SAFARI
- [ ] CRUISE
- [ ] HIKE
- [ ] TOUR
- [ ] ROAM
- [ ] GLOBE
- [ ] SCOUT

```
W V W F R M J E X P L O R E Q
C E D P C O M P A S S W Y H C
X N A M A P H A T F K E Q I L
Z T E G A Y O V E O N W Z K C
H U A F R L Q O C R U G F E E
S R V Z T E O K U C N R H J W
F E J H O V M O M B R N T A U
G L O B E A J V T S E U Q V I
G Q X U O R E L V S O C I Z W
U R Y R E T L A S C T M V S F
I X S U Z U T A S R S Q E P E
D L I A R T F B E B M I L C B
E L K J J A E K C Y J Y S P H
W I R J R K B B A F P X D O R
D B M I V Q D A X K G O U G X
```

143. Discovery Dash

- ☐ HUNT
- ☐ FIND
- ☐ TRAIL
- ☐ SEARCH
- ☐ SPOT
- ☐ UNEARTH
- ☐ REVEAL
- ☐ DETECT
- ☐ SCOUR
- ☐ PURSUIT
- ☐ QUEST
- ☐ EXPLORE
- ☐ LOCATE
- ☐ SEEK
- ☐ SNOOP
- ☐ PROBE
- ☐ PROWL
- ☐ CHASE
- ☐ DASH
- ☐ DISCOVERY

```
A E R O L P X E I H E X V O E
M T N U H E Q J T V L S A K R
K Q U E S T J I M B O G A R X
S C O U R L I A R T C P Z H E
Y K Y N X X H S A D A X T W C
Q S R E K F T N H R T W F A C
F U E S N O O P H R E Q Y T R
T R V J H W P U N E A R T H J
F R O B Q T S M V B T E E D T
Z E C F Z C P Z T P I V B E D
S V S S E A R C H O U X O T N
Y E I D S C O V G Z S E R E I
C A D C E Z W I X O R V P C F
H L F B E D L T F B U B B T I
M R V T K X E V R T P Z L B Z
```

144. Wonder World

- ☐ OCEAN
- ☐ DESERT
- ☐ JUNGLE
- ☐ MOUNTAIN
- ☐ FOREST
- ☐ RIVER
- ☐ GALAXY
- ☐ ISLAND
- ☐ PLANET
- ☐ VOLCANO
- ☐ CANYON
- ☐ UNIVERSE
- ☐ COMET
- ☐ AURORA
- ☐ CAVE
- ☐ GLACIER
- ☐ PRAIRIE
- ☐ SWAMP
- ☐ REEF
- ☐ LAGOON

```
B L K Z O F F O J T M K D D L
F Y V S N A R O R U A Q X X W
D U P R A I R I E A F C Z R M
D N A E C O C A N Y O N D E K
J I V A L Q F D E S E R T V O
Z V S K O Y O T T I D A N I A
F E E R V Q R E I C A L G R C
R R Y J F I E A S M E P H J U
C S F U C F S P O C A L L H C
V E Q N Y D T U T Y I A I S D
E O C G A A N E X R G N S C P
J J A L L T M A F O F E L M A
V H V E A O L L O G P T A Y I
T R E I C A N N S A Z W N G X
V L N S G U W Q X O S Q D G J
```

145. Excitement Expedition

ADVENTURE
QUEST
VOYAGE
JOURNEY
EXPLORE
ELATED
EXCITE
THRILL
FUN
HIKING
CAMPING
OUTDOORS
SCENIC
MAP
COMPASS
GEAR
WILD
NATURE
TREK
DISCOVERY

```
B T E Y E N R U O J Y Q E D V
B H O Q D G F L K E E I T J B
T R E K G D C O C O M P A S S
E G G N I P M A C F Q T U I U
L B S L G N I K I H T S E U Q
A F E C E N K C I N E C S N F
T T R H U B D A Z E R U T A N
E D O F V O Y A G E M X B B L
D R L S X U N Q X Q K N T H I
E G P M A E F B L L I R H T A
Y E X F T E H S R O O D T U O
Z A E I M A P C Z W I L D O G
C R C A D V E N T U R E E W S
H X J K Y R E V O C S I D A O
E K O N M X U G O T U V M C H
```

146. Innovation Island

IDEA
DESIGN
CREATE
TECH
FUTURE
INVENTION
PROTOTYPE
EXPERIMENT
VISION
INNOVATE
DISCOVER
STARTUP
RESEARCH
ADVANCE
DEVELOP
PATENT
CONCEPT
PRODUCT
ENGINEERING
TRANSFORM

```
E U L V N T Y Y H X Q M T A S
D G Z X N F F H C E T R Q D P
A U R E W C R E A T E O Y G T
E E T Q P O L E V E D F M N T
R A D L M O O Y X P R S H I M
P I L I A D V A N C E N I R P
Q J U P R O D U C T R A N E R
N G C C O N C E P T E R V E E
Y I N N O V A T E F V T E N S
N S I A O A T Y P U O E N I E
G V I S I O N T R T C K T G A
I X C P F O S A A U S Q I N R
S O S T A R T U P R I I O E C
E P R O T O T Y P E D R N G H
D I C E X P E R I M E N T G O
```

147. Progress Puzzle

- ☐ GROW
- ☐ UPGRADE
- ☐ DEVELOP
- ☐ ADVANCE
- ☐ SHIFT
- ☐ IMPROVE
- ☐ PROGRESS
- ☐ ENHANCE
- ☐ ELEVATE
- ☐ EXCEL
- ☐ RISE
- ☐ CHANGE
- ☐ MOVE
- ☐ BETTER
- ☐ EVOLVE
- ☐ ADAPT
- ☐ TRANSFORM
- ☐ PROCEED
- ☐ UPDATE
- ☐ REFINE

```
C E N E Z R E T T E B X B N R
M G B V R Q S S E R G O R P K
I G R O W Q X U P G R A D E H
E J U R R W R C H A N G E V J
S I P P E K H E P R O C E E D
I G D M F Q Y C C F W I U E R
R Z A I I P S N Z L E S C H U
F L T G N V Y A G V T N T E T
E I E Z E D A H H U A T F X E
V O V P U X S N J V V P I C A
L F O I W S J E D A E A H E E
O I M X D J A A E W L D S L E
V M D E V E L O P I E A K D J
E W W F M R O F S N A R T T J
E L D J Q V O L E G X Z F W U
```

148. Transformation Trek

- ☐ CHANGE
- ☐ SHIFT
- ☐ PROGRESS
- ☐ ADAPT
- ☐ GROWTH
- ☐ EVOLVE
- ☐ MODIFY
- ☐ ALTER
- ☐ RESHAPE
- ☐ REVAMP
- ☐ REFORM
- ☐ JOURNEY
- ☐ TREK
- ☐ TRAVEL
- ☐ EXPEDITION
- ☐ TRIP
- ☐ QUEST
- ☐ VOYAGE
- ☐ NAVIGATE
- ☐ TRAVERSE

```
U W T Q E V O L V E R Z S I J
N M P Q S R A N S T E Q X C N
O O A Z E S C R C F T Z N H N
I D D P K T E V T I L B N A B
T I A J Q V Q R B H A Y V N I
I F N T A U J U G S P I W G L
D Y X R L O E J W O G G X E M
E H T N U L F S R A R Q H R P
P R G R E D R J T C V P O G M
X R N V G U H E G B Z F P H A
E E A K A T E O F P E R B C V
Y R F O Y N X L I R N I J K E
T T J K O S E R V K R U Q E R
T D D C V V T G R O W T H R G
I A C M E P A H S E R N B T B
```

149. Evolution Excursion

- [ ] EVOLUTION
- [ ] UNIT
- [ ] EGG
- [ ] GENETIC
- [ ] MULE
- [ ] DNA
- [ ] SPECIES
- [ ] VARIATION
- [ ] GROW
- [ ] LION
- [ ] GERM
- [ ] ADAPTATION
- [ ] SURVIVAL
- [ ] HERO
- [ ] VEIN
- [ ] DARWINISM
- [ ] FITTEST
- [ ] PRIMATES
- [ ] FOSSILS
- [ ] GENEALOGY

```
N C G Y I P I V Q I R N U X I
X L E V D R U V E X O F J S S
O G R W A I G G E I X G P H U
R E M I I M K H L P N E R H R
X N O I T A I R A V C G A E V
B E P O K T E C E I F E N R I
K A S B A E X L E R I N B O V
D L Y M E S R S C B T E B A A
N O I T A T P A D A T T Z W L
A G S L I S S O F J E I K O Q
T Y G O V C M U L E S C E R T
G M S I N I W R A D T N B G I
G J I P E F H U W Q I E R D N
F S I N O I T U L O V E Y N U
O N J F C V D U Z V M B I A M
```

150. Growth Game

- [ ] PROFIT
- [ ] STRATEGY
- [ ] INCOME
- [ ] WEALTH
- [ ] PROSPER
- [ ] EVOLVE
- [ ] THRIVE
- [ ] BLOSSOM
- [ ] EXPAND
- [ ] ADVANCE
- [ ] BOOM
- [ ] CLIMB
- [ ] ESCALATE
- [ ] FLOURISH
- [ ] PROGRESS
- [ ] SURGE
- [ ] UPLIFT
- [ ] LEVERAGE
- [ ] MULTIPLY
- [ ] DEVELOP

```
T R S T R A T E G Y E G R U S
B M P E C N A V D A Z L F A Y
H V R Y A G J X V I H E L E H
P R O G R E S S D U T V O V Q
D K F T E Z X W W F P E U I F
E X I M M U R Z I D R R R R T
T V T O O M C L N W O A I H H
A L D S C J P A C P S G S T B
L E U S N U P P N R P E H O H
A V H O I X V C O G E B O T G
C O I L E R X L Q L R M L G I
S L N B C D C I C Y E A E I G
E V Q C J G K M A S E V R G B
V E Y L F P B B Z W W O E I I
W E F T M U L T I P L Y J D F
```

151. Harmony Hunt

- [ ] PEACE
- [ ] CALM
- [ ] BALANCE
- [ ] UNITY
- [ ] SERENE
- [ ] TRANQUIL
- [ ] SMOOTH
- [ ] AGREE
- [ ] FLOW
- [ ] BOND
- [ ] BLEND
- [ ] UNISON
- [ ] ORDER
- [ ] SYNC
- [ ] TIDY
- [ ] PURE
- [ ] QUIET
- [ ] MELLOW
- [ ] CLEAR
- [ ] RESTFUL

```
H C T R A N Q U I L X S K Y W
L H X C S O R W H D E H Y B M
I C G L Q R B L E N D E T N N
E D T I P D T K C D Z S R Z C
Z A I W E E M E A P B W C G Y
I O D O A R K B I R T U I C A
Z R Y L C F N O V U L E X T T
D X U F E Y S N Y W Q I D V S
B X H G D N E D I E D N K N M
W O L L E M B R A E C H N M O
E R E S T F U L U O L H C Y O
V U N I S O N I T P E F D T T
J B A L A N C E M L A C V I H
S E R E N E L V K R R N A N C
K Y J H C A T G I P V U T U L
```

152. Discovery Dive

- [ ] OCEAN
- [ ] DIVE
- [ ] SHIP
- [ ] REEF
- [ ] FISH
- [ ] DEPTH
- [ ] CORAL
- [ ] WAVES
- [ ] WETSUIT
- [ ] SNORKEL
- [ ] PRESSURE
- [ ] BLUE
- [ ] FINS
- [ ] BUBBLES
- [ ] TIDE
- [ ] SAND
- [ ] SALT
- [ ] CURRENT
- [ ] TANK
- [ ] DISCOVERY

```
S A N A T H U X J N Z X V Z O
N T W R A T N M Q J U K R P W
I G Z T S P F C C I C M M J E
F U X L E E I W D U O O K T T
R B D A V D W S J F R N Z N S
E P L S A T P I H S A T B E U
E I R I W I X S U T L L B R I
F F C E I D E A O X U D K R T
W P J N S E E N Y E Y J E U K
E V I D S S C D H R O Z F C A
A T J U A O U S I O U A R P W
D I S C O V E R Y L R H G G I
W B A M K E X F E S U O S O I
O C E A N S N O R K E L Y I O
W J B C P S E L B B U B V U F
```

153. Quest for Knowledge

- [ ] LEARN
- [ ] STUDY
- [ ] READ
- [ ] SEARCH
- [ ] RESEARCH
- [ ] TUTOR
- [ ] SCHOOL
- [ ] BOOKS
- [ ] CLASS
- [ ] NOTE
- [ ] EXAM
- [ ] WRITE
- [ ] QUIZ
- [ ] TEACH
- [ ] LIBRARY
- [ ] ESSAY
- [ ] COURSE
- [ ] TUTOR
- [ ] PUPIL
- [ ] TEXTBOOK

```
L Z V D F Y D U T S N K W Q J
M I A E F X H N V E Q T U G A
R E P L S N L A Q T Z I U Q M
R T W U O S C L B I Y V S J Y
G K E I P O A L A R F R W T R
R T X X D J H Y A W E S R E A
O U R B T S B C R S W X T W R
T T R F O B O S S O S O A O B
U O V E P A O N L P N L R M I
T R M O S A K O C N P O S N L
C O U R S E S C K J H E R U K
B H Y U U S A J B Y A A N V O
W T E P Q J H R I R E R S G D
Q Z T E A C H E C L C I U W G
Y E M N Q F T H S H F K S Z T
```

154. Puzzle Paradise

- [ ] CLUES
- [ ] CROSSWORD
- [ ] SUDOKU
- [ ] JIGSAW
- [ ] RIDDLES
- [ ] MAZE
- [ ] TEASERS
- [ ] LOGIC
- [ ] TETRIS
- [ ] MEMORY
- [ ] PATTERN
- [ ] RUBIK'S
- [ ] PUZZLERS
- [ ] TRIVIA
- [ ] CIPHER
- [ ] ENIGMA
- [ ] TANGRAM
- [ ] TILES
- [ ] HINTS
- [ ] BLOCKS

```
V G R M Y R D T X O J K C D I
N W F A W I I V I V L H P U P
I R O R T D Y S I R T E T X V
H C Z G W D R P A T T E R N B
L R W N Y L O P T T S T N I H
K O C A E E M N I E Q F A A X
M S S T I S E W L A Q K L A E
J S R K Y V M C E S M A Z E N
E W E R I N I K S E G Z Q M I
H O L E W B J R R R U U W Z G
K R Z H G Y U T T S H U A Y M
O D Z P P I U R C L U E S C A
W G U I S U D O K U L O G I C
K W P C Z M S K C O L B I C J
S K E D C O A J J Q J C J S X
```

155. Brain Teaser Bonanza

- [ ] PUZZLES
- [ ] RIDDLE
- [ ] TRICKY
- [ ] SOLUTION
- [ ] MAZE
- [ ] LOGIC
- [ ] SECRET
- [ ] STEALTH
- [ ] PUZZLE
- [ ] HINT
- [ ] TEASER
- [ ] BAFFLE
- [ ] JIGSAW
- [ ] GENIUS
- [ ] CHALLENGE
- [ ] QUEST
- [ ] MIND
- [ ] GAME
- [ ] KNOT
- [ ] TWISTER

```
O K Q R C L S S T E A L T H T
E N O I T U L O S L O D M L W
E R L D S I K N M F L L P X I
M E P D V F O P C F Z H S V S
A S X L J C I Y D A I U Q Y T
G A X E I M B X D B I Y N D E
E E X G S A D O I N D P T D R
F T O X E Z Y P E P L R O V Q
S L F H C E H G U J I G S A W
E O B D R T E Z B C K W O N K
L R U Q E H Z C K N T H J S Y
Z K Y S T L I Y O G S C I B E
Z T F K E C K T S W E M I N D
U R Y B A E Z M L P U B T O T
P C H A L L E N G E Q D I H J
```

156. Mind Maze

- [ ] THOUGHT
- [ ] IDEA
- [ ] LOGIC
- [ ] BRAIN
- [ ] MIND
- [ ] MAZE
- [ ] PUZZLE
- [ ] STRATEGY
- [ ] MEMORY
- [ ] DREAM
- [ ] SENSE
- [ ] INTUITION
- [ ] FOCUS
- [ ] QUESTION
- [ ] REASON
- [ ] FANTASY
- [ ] WISDOM
- [ ] INSIGHT
- [ ] REALITY
- [ ] GENIUS

```
N S B T H G U O H T C W I I D
P N B R L I P B R A I N P N D
R E A S O N G X M Q I U I S W
R E A L I T Y E W W Z M I I G
N S U D N G M J V Z B C Y G W
N V E H B O G Q L S K I Z H R
C O V N R Q E E M A Z E X T A
G N I Y S R N S M O D S I W G
C O N T S E I Q T E L N H T V
C I J D I G U Q I R F O C U S
I T D J T U S A H Z A W Z Q L
G S N R X R T E E S E T F N Z
O E S P Y P N F D F Q E V N
L U I Y P A Z V I L I L N G G
E Q S G U G M Y S A T N A F Y
```

157. Riddle Riot

- ☐ CIPHER
- ☐ PUZZLE
- ☐ ENIGMA
- ☐ JOKE
- ☐ TEASER
- ☐ SECRET
- ☐ PROBLEM
- ☐ MYSTERY
- ☐ CLUE
- ☐ PARADOX
- ☐ TWISTER
- ☐ CONUNDRUM
- ☐ RIDDLE
- ☐ BRAIN
- ☐ TRICK
- ☐ QUERY
- ☐ JEST
- ☐ QUANDARY
- ☐ DILEMMA
- ☐ ENIGMA

```
P N T D N Q S Y V P K G E L M
Z U T E A S E R T A C A U O U
L V T I Q O P P S M I F L U R
Z W Z J T A V Y E D R B C T D
P F S Q R V A K J U T O B Z N
Y B R A I N W R E H P I C X U
D V D P F F Q U A N D A R Y N
Y O Y U E N I G M A J D Q H O
X E T Z A W T C W O F M Q B C
R N E Z M Y G Z K F C D M Q E
V I R L M Y R E T S I W T E U
A G C E E L D D I R Q U E R Y
Z M E C L F Y P S F C P Z X V
W A S S I E M Y S T E R Y E H
X Z H Z D P Y Y P R O B L E M
```

158. Word Wonder

- ☐ MIND
- ☐ PONDER
- ☐ GUESS
- ☐ PHRASE
- ☐ LEARN
- ☐ LETTERS
- ☐ ALPHABET
- ☐ READ
- ☐ SPELL
- ☐ SPEECH
- ☐ QUOTE
- ☐ RHYME
- ☐ VERSE
- ☐ TEXT
- ☐ PROSE
- ☐ VOCAB
- ☐ INK
- ☐ WRITE
- ☐ BOOK
- ☐ POEM

```
C Z T U I U A B M L X U E E G
J S B P Y N H N A Z B R T S I
R P I G J K K V E L B H I R Y
A E O U X G H M J H A D R E K
G L D A E R Q Q C L C K W V U
K L B S P N E E K Q O B L N R
E R R H L N E H J P V M R V A
S S B F O P P A H X G H E B M
O A R S S U Z R L U P L D T E
R C T E R K A V E P E D N X O
P E V R T S U S N K H U O E P
V T S H E T S M R O C A P T V
D O I Y C X E Z A O J A B M B
X U G M D P A L E B T T R E B
F Q E E S V W N L I M I N D T
```

159. Linguistic Labyrinth

- [ ] SYNTAX
- [ ] PHONEME
- [ ] MORPHEME
- [ ] DICTION
- [ ] ACCENT
- [ ] SEMANTICS
- [ ] JARGON
- [ ] IDIOM
- [ ] VERNACULAR
- [ ] DIALECT
- [ ] SLANG
- [ ] COLLOQUIAL
- [ ] LINGO
- [ ] LEXICON
- [ ] EUPHEMISM
- [ ] METAPHOR
- [ ] ABSTRACT
- [ ] RHETORIC
- [ ] PROSE
- [ ] CIPHER

```
T A L Z E E U P H E M I S M E
Y R O H P A T E M I E X C M G
F E N D H A M Z E R R S F U V
Z S Q Q A E W C I P H E R C E
Y O P G N C C I R O T E H R R
D R T O X T C A R T S B A P N
K P H S C I T N A M E S N T A
X P C I Y G Q T C E L A I D C
X M O R P H E M E I D I O M U
W A A X L E X I C O N D V L L
O X T C O L L O Q U I A L C A
G I F N F D I C T I O N E N R
N I I H Y U E A C C E N T X A
I C J K J S L O S L A N G R Y
L T J A R G O N P W V T Z T A
```

160. Lexicon Loco

- [ ] JARGON
- [ ] ARGOT
- [ ] SLANG
- [ ] LINGO
- [ ] VERNACULAR
- [ ] CANT
- [ ] PATOIS
- [ ] DIALECT
- [ ] GLOSSARY
- [ ] THESAURUS
- [ ] TERMS
- [ ] JIVE
- [ ] PROSE
- [ ] PHRASE
- [ ] RHYME
- [ ] TEXT
- [ ] WORD
- [ ] JOT
- [ ] VERNACULAR
- [ ] SYNTAX

```
H C Y W P G S I O T A P M I K
M A L I N G O S E S O R P K R
Z N I X G K V V P N X A K G A
Q T P N O G R A J O F Z A L L
X M A Q O R C H I E L W R O U
W L U H A S K R H Y M E G S C
S A K S M H L B J P A C O S A
X V E R N A C U L A R A T A N
A B E X S U R U A S E H T R R
T T T E X T H G P A A M L Y E
N T C E L A I D H Y E V I J V
Y W D T W B O W R G K Y T J T
S Q Z Z P E W O A Y O V O C A
N P C F L X E R S W V T H V C
O W R W F W V D E Y R H I J C
```

161. Alphabet Adventure

- ☐ ALPHABET
- ☐ LETTERS
- ☐ LEARNING
- ☐ ADVENTURE
- ☐ SOUNDS
- ☐ VOWELS
- ☐ CONSONANTS
- ☐ PHONICS
- ☐ RHYMES
- ☐ WORDS
- ☐ BEGINNING
- ☐ CAPITAL
- ☐ LOWERCASE
- ☐ FUN
- ☐ WRITING
- ☐ READING
- ☐ SPELLING
- ☐ TEACHING
- ☐ PRONOUNCE
- ☐ MEANING

```
N V L Q G B G N I L L E P S H
B G Q M K W N S L E W O V L E
T W O R D S I P U Q V V O C Z
S M B E G I N N I N G W N W D
C E J P G W R R V D E U V P G
I A T S D L A E W R O G L N E
N N R H Y M E S C N N A I A R
O I X H S H L A O I T D S L U
H N V Q R H S R T I A R D P T
P G K H E E P I P E F X N H N
N Q Z J T I R A R S E K U A E
M W J K T W C K M Y L F O B V
A T S S E I L Y T O N U S E D
E G V S L T E A C H I N G T A
E Z Q T C O N S O N A N T S I
```

162. Vocabulary Voyage

- ☐ ABOARD
- ☐ SAIL
- ☐ MAP
- ☐ COMPASS
- ☐ CRUISE
- ☐ JOURNEY
- ☐ EXPLORE
- ☐ ISLAND
- ☐ ANCHOR
- ☐ DOCK
- ☐ PORT
- ☐ VOYAGE
- ☐ VESSEL
- ☐ CREW
- ☐ LIGHTHOUSE
- ☐ ADRIFT
- ☐ ROUTE
- ☐ CHART
- ☐ HELM
- ☐ HARBOR

```
O S E P A M L A D P M W R X J
T D H Q U I V O R D M J P I R
E N E O A J C V Y A Q H K R S
Y A C S E K Y F E R O L P X E
C L H B S O E T I W E R C O K
N S A O U O N T F I R D A D O
A I R N O B R R O H C N A W C
B R T V H D U B X H O A M G O
O H R Y T Q O G C E J Q Y V M
A A P P H R J B Y L P G T H P
R R R Q G Z O F H M K Z U P A
D B P N I R B P V O Y A G E S
Q O C P L H C J L E S S E V S
Y R D E T U O R L F X F S X M
U S F W H Q X J E S I U R C M
```

163. Wordplay Playground

- ☐ ANAGRAM
- ☐ PALINDROME
- ☐ HOMONYM
- ☐ RHYME
- ☐ PUNS
- ☐ ACROSTIC
- ☐ CIPHER
- ☐ SPOONERISM
- ☐ LIPOGRAM
- ☐ LIMERICK
- ☐ HAIKU
- ☐ OXYMORON
- ☐ ANANYM
- ☐ RIDDLE
- ☐ ALLITERATION
- ☐ ANTANACLASIS
- ☐ MALAPROPISM
- ☐ ONOMATOPOEIA
- ☐ HYPERBOLE
- ☐ IDIOMS

```
W U S U P E R Z L C B M S G U
E M I A A L H X Y W S Y C V A
N I S N L D Y E U I N R A O N
O E Y A I D M S R U U N M N T
I L C G N I E E W K P L S O A
T O K R D R N H P M I M I M N
A B I A R O P C A M Y C P A A
R R D M O Q C R E N M I O T C
E E G P M K G R O R Y T R O L
T P S I E O I M D E N S P P A
I Y U D P C O K R H A O A O S
L H M I K H A H C P N R L E I
L Z L O U K I A H I A C A I S
A Q J M D P Y D Z C N A M A J
H E E S Y U C N O R O M Y X O
```

164. Letter Labyrinth

- ☐ MAZE
- ☐ TWIRL
- ☐ LOOP
- ☐ SWIRL
- ☐ ORIGIN
- ☐ EXIT
- ☐ PATH
- ☐ TRACE
- ☐ TURN
- ☐ SPIN
- ☐ SPIRAL
- ☐ CIRCLE
- ☐ CURVES
- ☐ PASSAGE
- ☐ ROUTE
- ☐ VOYAGE
- ☐ JOURNEY
- ☐ GAME
- ☐ QUEST
- ☐ TREK

```
V G E Q A O T U R N I G T W I
X O E G R D Q E T J C H E B C
A G S I A X F U D M Q N S F H
U L G D P S D F E R K E R T K
F I V S E R S Q E S J D P B S
N A O P C L O A A V T A C G M
J V Y I A R T U P A T P X D D
C G A R R I W G T H V O E I X
I S G A T W I P S E T O Z C J
G M E L Q S R X E J L L C O J
T A E L M P L S V P Y C U U L
P C M S Z C O D R Z V R R Z A
G S Z E N I P S U K N H V I A
U V E Z A M L L C E E X I T C
X O J Y R T Q C Y O K C X D N
```

165. Spelling Safari

- [ ] LION
- [ ] ZEBRA
- [ ] HIPPO
- [ ] VIPER
- [ ] RHINO
- [ ] TIGER
- [ ] LEMUR
- [ ] MONKEY
- [ ] GORILLA
- [ ] CHEETAH
- [ ] GIRAFFE
- [ ] ANTELOPE
- [ ] ELEPHANT
- [ ] KOALA
- [ ] JAGUAR
- [ ] PYTHON
- [ ] HYENA
- [ ] OCELOT
- [ ] BUFFALO
- [ ] GAZELLE

```
E N M M L M R D H O G X C H G
U L H B T L N A M E E R A A K
Y W L I Y M U L U U F V N T A
B E G E R U M E L G F D T E N
B E K X Z N O I L W A N E E E
R A S N W A M B Y O R J L H Y
Q R J J O H G G E E I T O C H
A B F Y V M H L N Y G H P Q O
Z E Q B I M E R P T O L E C O
K Z M C W P F Y E J G P E Z M
O N Q A H B T M Q P F H R H U
A P D A I H U J X F I I B I M
L K N X O F D X H L P V B V M
A T L N R H I N O P A Z J T X
G O R I L L A X O L A F F U B
```

166. Grammar Games

- [ ] VERB
- [ ] NOUN
- [ ] ADVERB
- [ ] PUNCTUATION
- [ ] SUFFIX
- [ ] PREFIX
- [ ] SENTENCE
- [ ] PHONICS
- [ ] SPELLING
- [ ] CONJUNCTION
- [ ] PRONOUN
- [ ] ADJECTIVE
- [ ] CLAUSES
- [ ] HOMONYMS
- [ ] SYNTAX
- [ ] PREPOSITION
- [ ] PLURAL
- [ ] TENSES
- [ ] ELISION
- [ ] DICTION

```
U I M F N Z N O I T C I D S V
M U W N H O M O N Y M S E D L
L G O V N O I T C N U J N O C
A D V E R B R T X A T N Y S N
C N T S P E L L I N G G T O G
L A P R O N O U N S L B I N J
A B T A Y A W D R J O T V R K
U N H S D W R S B X A P W N F
S O K E N J L D C U I U E W B
E I C S H U E N T I P F G R B
S S E N N Q O C I D N S F R P
X I F E R P N N T D O O E U E
H L I T U U X T E I G V H F S
X E O R P L U R A L V K N P G
R S E N T E N C E B F E G X W
```

167. Syntax Search

- [ ] FUNCTION
- [ ] METHOD
- [ ] OBJECT
- [ ] VARIABLE
- [ ] ARRAY
- [ ] LOOP
- [ ] STRING
- [ ] PARAMETER
- [ ] RETURN
- [ ] CALL
- [ ] INTEGERS
- [ ] BOOLEAN
- [ ] COMPILER
- [ ] CONSOLE
- [ ] NULL
- [ ] QUEUE
- [ ] BINARY
- [ ] IMPORT
- [ ] INDEX
- [ ] ELEMENT

```
I X T P Y G G N I R T S B Q B
N H R O E M B Q N E B D R O O
O I O O L A X B N T D C O G V
I M P L O N E F N E T L J Z A
T H M Y S N D O Y M E N E U R
C T I X N I N Q I A Y L U Y I
N U C T O I I N N R H L E L A
U X X E C N T R A A B A U L B
F X J D J E F N I P V C Q U L
C L K A G B I N X X N U R N E
Y A M E E B O D M E T H O D T
A L R R C O M P I L E R L O J
R S J X E P H R E T U R N Z B
R H E L E M E N T C X V H G D
A K J M H D B X G O P X L J N
```

168. Literary Labyrinth

- [ ] NOVEL
- [ ] VERSE
- [ ] PROSE
- [ ] POEM
- [ ] DRAMA
- [ ] ESSAY
- [ ] SONNET
- [ ] LYRIC
- [ ] TALE
- [ ] MYTH
- [ ] GENRE
- [ ] HAIKU
- [ ] BALLAD
- [ ] FABLE
- [ ] EPIC
- [ ] THEME
- [ ] PLOT
- [ ] TONE
- [ ] MOOD
- [ ] STYLE

```
S E N O T A A Z D C G X H P E
M R U I B C V P F O I N N P M
E S O R P P O E M T A R M C Y
C N O V E L C H A I K U Y X T
E S D Z J M D T E N N O S L H
H M S X J K K R M M A L B T M
G I E O V Z M E A E K E L G Y
R B D H E E S V F M E L Y T S
R A O L T S R I R L A W T J Y
F L O V A D P S A A T O H Z C
S L M Y P W L T E F A J S I R
V A Y H V L O Y A S L G P P H
V D O C J I T B Q M E E Y P U
Q B K D W Z L Y Y O Z L H S R
W M O X Y E R N E G Z M P N S
```

169. Bookish Bonanza

- [ ] PAGE
- [ ] READ
- [ ] NOVEL
- [ ] BIND
- [ ] PLOT
- [ ] GENRE
- [ ] TEXT
- [ ] PRINT
- [ ] AUTHOR
- [ ] INDEX
- [ ] COVER
- [ ] REVIEW
- [ ] STORY
- [ ] THEME
- [ ] WRITE
- [ ] EDIT
- [ ] DRAFT
- [ ] NOTES
- [ ] QUOTE
- [ ] PROSE

```
O X E E Q W M U T H L E I N U
E P D N C Q J P Q E P Y C O V
E I A H J R C Z V E M R I T E
T G T Z E T S O B I N D R E J
N F W V X X N W E I V E R S N
W W O E I E Y M R O Q S P X T
O C D S P T E U N J M U L W E
L N Q I A H V D E W P K O H J
I E R R T X H C G T R G T T I
H E T E Z D R A F T I K O G E
G S T I C P O L J M N W M X W
W O P W R R T A X R T Q E A G
V R H A Q W W O E B S T O R Y
E P R F G A C A R O H T U A B
T B A G W E D W A F U L J G W
```

170. Novel Nook

- [ ] BOOKS
- [ ] SHELF
- [ ] READ
- [ ] NOVEL
- [ ] STORY
- [ ] LIBRARY
- [ ] PAGE
- [ ] AUTHOR
- [ ] FICTION
- [ ] SERIES
- [ ] TITLE
- [ ] GENRE
- [ ] NOOK
- [ ] PRINT
- [ ] COVER
- [ ] CHAPTER
- [ ] WORDS
- [ ] PLOT
- [ ] BOOKMARK
- [ ] REVIEW

```
F V G W H O P R Y F O N U X V
N G X D R Z L B O O K S K F I
U Y U J J L K S D R O W R I A
O S T O R Y T Q T S B B A C Y
P F U U B Y F R Y Z Q H M T H
C E P R I N T E N Z M P K I U
M L Y M E F G T O N F L O O Z
T R D E E D M P O R F O O N Z
O O E R G L E A K Q E T B H W
S H L E V A K H T N O V E L D
D T T A X J P C U S E R I E S
E U I D Z F P O G E N R E E C
L A T K Z O H V V Y L V U N W
U F L E H S B E L I B R A R Y
D Q N H D F P R F R U M D K I
```

171. Literary Legend

```
U O Z A A Y K S V K H H M S A
I V E R S E R I T A S F Y C M
F R S V M E T T Q H A N T R A
G F P C N Y K A U B Z D H I R
L S N A I B A L L A D G T P D
P W C G R P Y E G T D G E T T
C R L I W A E A A D F F O G E
L D O K R N B Z U H H U P N N
C O Q S T Y S L Y R O T S Y N
T A M V E Z L S E O T B M E O
O V R O G L E V O N F J D T S
F N O L A A A H B Y R O M G A
S L S U D B G D S F O X J J A
K Y Q M B O D J J H A I K U C
E R Y E S S K C I R E M I L S
```

172. Classic Conundrum

```
P H R I N C F G W Z C D X B D
R L P F K Y P C V V G A Y G V
I A M B N R C H A L L E N G E
O L O P O A U Z F D Q C T C I
X J W B T D U T E R C E S A B
I Y L Y D N X A M G I N E M L
O E X R I A L U A R K G H M R
M X O E F U R E L Z Z U P E G
K X D T F Q P U Z Z L E T L O
S A A S I R C C I L I S S I P
G M R Y C E R I M O I A C D O
S G A M U S U P Y W D O J A S
G I P S L A X H T N E C W D E
V N U H T E V E T H G I L P R
W E I E Y T M R E L D D I R S
```

173. Fiction Fiesta

```
C X M T K L U R O I Z X J M V
F N L H C W V T W P L O R E O
P V H E O M E T E R X F T R I
B T E M S I S S O R I S N X
F K R E C T L S N S N N I E C
Z L O S O Q A E E Z A W G X
N G G R F J W P P X I L T N U
O L Y Q V P U N S S M E W N W
I C L I M A X M U T A T I D A
T C N W C H T N S T S G O J E
C I N L T C J E L B A F A L U
I P I Y E H B O Q G X G J R P
F E M L F E E R C L Y A R N M
X C A I J L E V O N S V O Z A
T T D R A M A H Q C I K C B F
```

174. Nonfiction Nirvana

```
Y H S D O L H L Q S H M V B W
W S I N E L D A A R T I C L E
R Y T T J I E N S S L C A W Y
A B T U A Y H R R I J B A Q H
H E K R D N C U E E S X G F P
R Z Y I I Y E O L D P E D O A
Z Y A S S E E J C I Q O H M R
E L S K K R P P I U G V R T G
X D W T W N S R N G M H V T O
C N E I H F W O O M N Q J Z I
B O N D J U U F R E E B Z V B
L W E I V E R I H Q R M H C G
N O I N I P O L C T E R O R J
E S O P X E U E S M F Q F I S
L Q R U B W E I V E R L Q S R
```

175. Poetry Puzzle

- ☐ VERSE
- ☐ RHYTHM
- ☐ RHYME
- ☐ STANZA
- ☐ SONNET
- ☐ HAIKU
- ☐ LIMERICK
- ☐ BALLAD
- ☐ EPIC
- ☐ LYRIC
- ☐ ODE
- ☐ FREE VERSE
- ☐ ELEGY
- ☐ SONNET
- ☐ POET
- ☐ METAPHOR
- ☐ PROSE
- ☐ QUATRAIN
- ☐ COUPLET
- ☐ TANKA

```
P S P Q D J F N B X Y G Q I K
X E Q F T E N N O S R H Y M E
C B S E X E D A V Y P W R D D
O M N R D Q S D D G E L O F Q
U G I T E O P R Y J Z I S Q L
P N A R M V V N E C M M G Z S
L P R D H L E B R V I E U S O
E M T M O Y A E P K O R U I C
T M A E B L T R R G R I Y A U
E Y U T L C O H V F E C Y L K
N L Q A K S J K M D L K B D I
N Q D P E G D X O A E U M L A
O Y S H M A K N A T G V P D H
S W C O A Z N A T S Y K Z T H
V G B R P U E A C I P E H K H
```

176. Prose Parade

- ☐ POEM
- ☐ SHORT
- ☐ TALE
- ☐ EPIC
- ☐ FABLE
- ☐ DRAMA
- ☐ BALLAD
- ☐ ESSAY
- ☐ LEGEND
- ☐ NOVEL
- ☐ SAGA
- ☐ MYTH
- ☐ LIMERICK
- ☐ HAIKU
- ☐ VERSE
- ☐ PROLOGUE
- ☐ SONNET
- ☐ SOLILOQUY
- ☐ RHYME
- ☐ STORY

```
G E R O L E V O N J V V P K L
B I C M Y Q S P B A T B C D V
X I Y B A L L A D W M I B I S
X T U U V C I F J S R A S G O
H D N E G E L X G E C S R F L
G N Y A Q M Y T M I M R E D I
R N A V E J V I P F U T M A L
X A V O Q Y L E Z X A P X A O
E J P E M I X O J L K B H V Q
S K K S E I C Q E L S A L V U
R E S O H J W M K O I F U E Y
E F T A L O X Z N K E S S A Y
V B O T G I R N U V M I A E E
D G R Z L A E T R H Y M E Y C
P T Y R S T Z P R O L O G U E
```

177. Drama Derby

- [ ] ACTING
- [ ] SCRIPT
- [ ] STAGE
- [ ] COMEDY
- [ ] TRAGEDY
- [ ] PLAY
- [ ] REHEARSAL
- [ ] DRAMA
- [ ] CAST
- [ ] DIRECTOR
- [ ] LIGHT
- [ ] CURTAINS
- [ ] AUDITION
- [ ] PROPS
- [ ] MONOLOGUE
- [ ] CUE
- [ ] SET
- [ ] PROMPT
- [ ] MAKEUP
- [ ] BACKSTAGE

```
S T O D F X E P Y P R O M P T
I E N A D Z L U H L Z F D Z K
D S K R H A M H C A C T I N G
X K A B Y V E D I R E C T O R
A M T S A C C U R T A I N S G
A U Y D E M O C B S C R I P T
C W E V K R S A N N J F M O M
X M S C H F C N T W T P O C A
P R O P S K O V R B H H N Q K
L R T E S I C U A H G G O F E
W L G T T E U M G H I W L P U
A B A I X J K S E Y L N O Z P
E G D R S H V X D F Z Z G Z J
E U L S T A G E Y O Y H U R Q
A H R E H E A R S A L W E D K
```

178. Comedy Carnival

- [ ] LAUGHS
- [ ] CLOWN
- [ ] JOKE
- [ ] PARODY
- [ ] SATIRE
- [ ] SKIT
- [ ] FARCE
- [ ] SLAPSTICK
- [ ] PRANK
- [ ] MIME
- [ ] GAG
- [ ] JEST
- [ ] PUNCHLINE
- [ ] HUMOR
- [ ] FUNFAIR
- [ ] WITTICISM
- [ ] CIRCUS
- [ ] AMUSEMENT
- [ ] CARICATURE
- [ ] COMEDIAN

```
D J N V W N A S R R D Q J N U
T E T F W C M L M Y W T W A H
Q S V O E A U A S D H M V I U
H T L O N R S P I O P A C D M
L C M S I I E S C R S E C E O
K N K J L C M T I A H K X M R
I I K F H A E I T P G O Y O R
T Q I F C T N C T S U J T C K
F M X A N U T K I S A T I R E
E Q M R U R K I W Y L D Y S W
K Z G C P E W P G Q N M Y G K
W N X E M R I A F N U F I O X
Z F A Z T B W I C D G X U M A
R C P R F Y P N F A S U B B E
C F L Y P B A G G S U C R I C
```

179. Tragic Tale

- [ ] SAD
- [ ] DEATH
- [ ] TEAR
- [ ] LOSS
- [ ] HURT
- [ ] GRIEF
- [ ] WOE
- [ ] DISMAL
- [ ] REGRET
- [ ] SORROW
- [ ] CRY
- [ ] PAIN
- [ ] HARDSHIP
- [ ] RUIN
- [ ] DOOM
- [ ] TRAGEDY
- [ ] MISERY
- [ ] SUFFER
- [ ] ANGUISH
- [ ] LONELINESS

```
X Q M M U Y P U U Q B S Y H G
D S F A Q I F E I R G G B V M
E K S S E N I L E N O L F Y F
A L Y J N F M Q L S J I W J P
T A R I A C S I S W U G P R Y
H M C Y X I B K S O V F A Q V
D S T R A G E D Y E V Z F C P
O I A J K G R K K S R G A E O
O D L Y K I U Q R T A Y N P R
M F O O J P I X T E G D G Z I
P B M V S U N K T R T N U A J
A N T Z S S H L V G E E I K K
I A M W O R R O S E A Z S K S
N F V B L G C I I R R B H B I
U T R U H A R D S H I P P P W
```

180. Mythical Masterpiece

- [ ] DRAGON
- [ ] MERMAID
- [ ] UNICORN
- [ ] GRIFFIN
- [ ] MINOTAUR
- [ ] PHOENIX
- [ ] PEGASUS
- [ ] CYCLOPS
- [ ] KRAKEN
- [ ] CENTAUR
- [ ] CTHULHU
- [ ] TRITON
- [ ] CERBERUS
- [ ] HYDRA
- [ ] MEDUSA
- [ ] SPHINX
- [ ] CHIMAERA
- [ ] YETI
- [ ] ELF
- [ ] NYMPH

```
T D D S M B M E R M A I D Z U
S U S A G E P I I I A R Z S E
V M S P O L C Y C R F C O M H
G M E D U S A N D L G O O Q E
A H Y Z A G D Y E P S L P L M
L P C B R R H C E R B E R U S
N M F X E I R U A T N E C K Z
R Y C V A F S P H I N X N N R
O N N W M F P Q I C P E E O U
C G O D I I E T N H K P X G A
I E T Y H N E K O A V T J A T
N J I F C Y C E R G G P J R O
U Z R R L K N K C I C H M D N
S T T O K I W U X M N Y Z O I
I M R G X U H L U H T C M O M
```

181. Superb Saga

- [ ] LEGEND
- [ ] TALE
- [ ] STORY
- [ ] LORE
- [ ] MYTH
- [ ] EPIC
- [ ] NOVEL
- [ ] CHRONICLE
- [ ] DRAMA
- [ ] NARRATIVE
- [ ] FABLE
- [ ] ADVENTURE
- [ ] TRILOGY
- [ ] SERIES
- [ ] SEQUEL
- [ ] VOLUME
- [ ] EDITION
- [ ] EXCERPT
- [ ] PROLOGUE
- [ ] FINALE

```
Y S E U G O L O R P J Z W L G
N J E Z I E H Q N R G O L M G
L C H R O N I C L E A Q Y B E
S E H P I M K J S T O R Y K C
Y M T P J E G L E U Q E S D A
G U Y O Q F S E X C E R P T T
O L M M E D I T I O N E L I T
L O K U F Y F X L V V U X T B
I V U G N X X O Y I U E B E L
R F D N E G E L T N C N W V A
T I E L B A F A A O R E P I C
N N E E P I R M U V Y K N F L
Z A R L G R A U M E N C G I D
H L O W A R Y M O L P J Q T W
R E L N D T A D V E N T U R E
```

182. Villainous Venture

- [ ] TRAP
- [ ] RISK
- [ ] STEALTH
- [ ] HEIST
- [ ] CRIME
- [ ] LURK
- [ ] SCHEME
- [ ] PLOT
- [ ] SNIPER
- [ ] MASK
- [ ] FEAR
- [ ] SPY
- [ ] EVIL
- [ ] WICKED
- [ ] ROGUE
- [ ] THREAT
- [ ] SECRET
- [ ] BETRAY
- [ ] BLACKMAIL
- [ ] DECEPTION

```
I V O Y T E R C E S V T D A T
C D B H E I S T R V X B A S G
W B E D K I W P L O T B K X V
B D T N S H W X V T R A P B R
A E R Z A T A E R H T E L R E
A C A T M H J L N Z D A E K Z
K E Y V U B D U P N C P F L Z
Z P R O G U E R N K I K N Y E
Y T C N M G K K M N S G W V Y
D I W C V N C A S I E F I P D
T O E U V X I F R X M L S A X
K N F M T L W E S T E A L T H
G H K Q I F B A Z Q H R C U F
W B T X O R V R O S C Y N K J
L R E C P M C B N W S T G Z W
```

183. Heroic Hunt

- [ ] PREY
- [ ] STALK
- [ ] HERO
- [ ] TRAP
- [ ] CHASE
- [ ] BRAVE
- [ ] TRAIL
- [ ] BEAST
- [ ] TRACK
- [ ] HUNT
- [ ] SNARE
- [ ] CATCH
- [ ] VALOR
- [ ] SPEAR
- [ ] QUEST
- [ ] AIM
- [ ] BOLD
- [ ] LURE
- [ ] WARD
- [ ] FOE

```
S X S H L I A R T B L M A M B
A R X T R A P Z J U R J I E Z
J H T G K O W H E X O A A D B
S T A L K N I F T Z H S V Y O
X A Q U E S T H C E T J N E L
Z V B S N X X C R R M Y K R D
Y Y J I I W A O H P D L V U I
N E J R F J W L I R R R A L H
X G R H C A T C H S A P L N E
T H Z P L M A J N E W V O V P
P P E C H H V A P U B Q R H R
A H N H A U R S M Q I V R M R
F B S A V E N R I K C A R T G
Z O Q S Z V N T A Z V K T G W
D J E E M D F R H V E M U Y V
```

184. Legendary Labyrinth

- [ ] MAZE
- [ ] MINOS
- [ ] THESEUS
- [ ] MYTHS
- [ ] GREEK
- [ ] ARIADNE
- [ ] THREAD
- [ ] MONSTER
- [ ] CRETE
- [ ] MYTHICAL
- [ ] PATH
- [ ] LABRYS
- [ ] DOUBLE
- [ ] AXED
- [ ] KING
- [ ] GIRL
- [ ] LOST
- [ ] PUZZLED
- [ ] DAEDALUS
- [ ] ICARUS

```
I R R T H E S E U S U I V U Y
L A C I H T Y M A C R E T E C
G E L B U O D N L X J E S Z R
L N L K Z B D S C I E Z U N R
N R I I U N U G T S E D R I Z
A S L K K E E R G E Z X A G C
X U R A Z S A V M Q A J C Z C
P L I C Q M P A T H M P I I V
U A G V D O E N D A I R A G G
Z D U T Y N P Y G T Y M C L J
Z E V D W S P F I S Z I U Q S
L A E M Y T H S R O K N O R D
E D D C A E E F A L Q O Z I D
D B K U U R W K F A E S Y G B
K S Y R B A L D A E R H T Z V
```

185. Epic Expedition

- [ ] JOURNEY
- [ ] EXPLORATION
- [ ] ADVENTURE
- [ ] TREKKING
- [ ] CAMPING
- [ ] SURVIVAL
- [ ] CLIMBING
- [ ] HIKING
- [ ] CANOEING
- [ ] SAFARI
- [ ] BACKPACKING
- [ ] NAVIGATION
- [ ] DISCOVERY
- [ ] EXPEDITION
- [ ] TRAVEL
- [ ] VOYAGE
- [ ] EXCURSION
- [ ] TOUR
- [ ] QUEST
- [ ] ODYSSEY

```
Z T Y K T S A F A R I T U T W
U R N A V I G A T I O N R J E
J E H I K I N G C L J A R X W
A K P W H P E L R X V I U F G
N K H D Y G I F M E I V O M N
E I N R A M I Q L W E Y T L I
X N C Y B D I S C O V E R Y K
P G O I D S U Z I S G N G Y C
E V N U Y E S S Y D O R C N A
D G N S C A D V E N T U R E P
I P E X P L O R A T I O N E K
T G L S U R V I V A L J R Y C
I O X V N N O I S R U C X E A
O G N I E O N A C Y W F O K B
N G N I P M A C T R T S E U Q
```

186. Tale Trail

- [ ] PLOT
- [ ] AUTHOR
- [ ] HOOK
- [ ] CLIFF
- [ ] ENDING
- [ ] TALE
- [ ] MYSTERY
- [ ] CHARACTER
- [ ] JOURNEY
- [ ] ADVENTURE
- [ ] QUEST
- [ ] PATH
- [ ] TALE
- [ ] TWIST
- [ ] TURN
- [ ] NOVEL
- [ ] EPIC
- [ ] SAGA
- [ ] PATHWAY
- [ ] LORE

```
Q P M P V A Y H O K G K V Y K
V P Y L P E T T E P O F A R G
F F I L C R T A P A T H U E F
X G N P Q U S L T O A K T T Z
G M O L D T I E B J R R H S U
D N J O V N W L E D R E O Y J
C E L T B E T A A G I T R M P
N R U T C V R E G U X C Q R K
L L K O D D J H L A P A N J K
N O U L S A E W J A S R N O M
C R J E Z N K M T V T A O U Y
Y E G P D F F H N Z S H V R W
W M V I Z K W K O O H C E N A
P A N C H A T S E U Q C L E P
U G Y G Y P N L G Q O L Y Y G
```

187. Story Safari

- [ ] LION
- [ ] HIPPO
- [ ] CHEETAH
- [ ] SAFARI
- [ ] GUIDED
- [ ] TOUR
- [ ] AFRICA
- [ ] JEEP
- [ ] WILDERNESS
- [ ] HERD
- [ ] SUNSET
- [ ] SAVANNAH
- [ ] TRACK
- [ ] FAUNA
- [ ] FLORA
- [ ] ADVENTURE
- [ ] ELEPHANTS
- [ ] GIRAFFE
- [ ] MONKEYS
- [ ] JUNGLE

```
J I L A N U D P I V E J Y J Q
B S R E R H A T E E H C E C W
V S G A A K X J T J N L I E A
S E N A F F K W T E E I Y L P
I N O S R A R J R E F O G T O
X R U Y O O S I A F L N F O J
L E N E C O L F C E M G L U C
D D H K G D G F K A U O N R P
E L E N E L E P H A N T S U I
D I R O T C F M C T A I O M J
I W D M Q Z V Z T E S N U S O
U G I R A F F E F E I Z U O F
G K H A N N A V A S V R Z A R
N I C K D K R Z P A L Z T G F
S H I P P O A D V E N T U R E
```

188. Plot Pursuit

- [ ] CLUES
- [ ] MYSTERY
- [ ] TWIST
- [ ] HERO
- [ ] VILLAIN
- [ ] CLIFFHANGER
- [ ] MOTIVE
- [ ] SUSPENSE
- [ ] ALIBI
- [ ] SLEUTH
- [ ] EVIDENCE
- [ ] SPY
- [ ] HEIST
- [ ] HIDEOUT
- [ ] TRAP
- [ ] CHASE
- [ ] DUEL
- [ ] ESCAPE
- [ ] STING
- [ ] STING

```
R T Y R S J Y R E T S Y M G E
E S S R T L S T I N G N R G L
G I B I L A E J O O J T B N F
N R C O E M K U T R A P M T C
A M A N J H E C T B C B M B H
H T S I W T B L J H W W M Q A
F O B A R W Q U G F E H C L S
F B Z L Y W C E W V C S Z F E
I T H L D S U S P E N S E N F
L I I I E C L E U D E N I J F
C R T V D P H E R O D A N M S
V O V M H E A S H T I A D T C
Q Y Y P S E O C O D V X I G X
K O M N I E R U S Z E N S F J
E V I T O M G Y T E G I P B G
```

189. Mystery Maze

Word list:
- CLUE
- SECRET
- PUZZLE
- HIDDEN
- UNKNOWN
- LABYRINTH
- CIPHER
- RIDDLE
- QUEST
- ENIGMA
- CONCEALED
- DISCOVERY
- INTRIGUE
- SUSPENSE
- CRYPTIC
- MAZE
- MYSTERY
- OBSCURE
- REVEAL
- UNSEEN

```
T F P C I P H E R U C S B O M
S U B F B O P E I V V F Q N E
S E H G N N U L W C G D K O U
Z E Z E V W Z D G R Q M C W G
H D C A U O Z D U Y A Y S T I
T N I R M K L I W P Z S J S R
N E C S E B E R N T H T A E T
I E O B C T O X W I I E M U N
R S N U L O E V D C C R G Q I
Y N C N A O V D X L W Y I L M
B U E K E B E E U E Y S N P G
A J A N V N U E R X F Y E B Q
L W L O E N O V R Y N M F Q J
Z C E W R E S N E P S U S I M
R K D N B E A J B S V U S G S
```

190. Thriller Trek

Word list:
- STALK
- CHASE
- FEAR
- SECRET
- HORROR
- DARK
- MOON
- GHOST
- NIGHT
- HIDE
- SCREAM
- EERIE
- MYSTERY
- TERROR
- PANIC
- SINISTER
- SPOOKY
- THRILL
- CREEPY
- UNKNOWN

```
N T V N T A K J L T E R R O R
Y O R S W G U U V G C I N X E
T Y O D B O D C W T H G I N V
L L R M T M N V H G D X J J U
L K R I Y Y O K B A D A U K M
I Y O Q N S R E N X S I R Y M
R A H E P T L E R U O E Q K U
H P D A C E O R R A E F X O S
T C N L R R I I L K A W T O K
Z I V B E Y Y E N R C M J P E
C O L T E R E T S I N I S S J
F T Y S P S G U H O J K N G C
H A P O Y F C Q B I K L A T S
O C B H T E R C E S D J K S B
Z S C G U M A E R C S E K J H
```

191. Detective Dash

Word list:
- [ ] SPY
- [ ] CODE
- [ ] CASE
- [ ] CLUE
- [ ] HAWK
- [ ] DASH
- [ ] TRAIL
- [ ] NIGHT
- [ ] PLOT
- [ ] SLEUTH
- [ ] FILE
- [ ] STUDY
- [ ] HINT
- [ ] PROOF
- [ ] RIDDLE
- [ ] QUEST
- [ ] SECRET
- [ ] CRIME
- [ ] HIDE
- [ ] TRACE

```
A G P V E Q V F L F R H S G L
I Y H C L S V Z P I H U S J I
V A X R R P A D R L U D L V A
M Y A I O I G C D E B Z D J R
Y S L M U G Z U C Y Y I X T T
U S E E P T R A C E H A N P H
T E R C E S U M L I L H Q J A
F O O R P T E C O D E S H H W
T F M C L F N G V X R T Q I K
Z A M X O H E I B G U U T D Q
C E N T T S Y Q H E E T D E S
G U S P Y A Z L L S V S E T T
U L F P R D G S T S N X U U K
I C E L D D I R O O I D O H H
E N A N I G H T G Q Y Z U P T
```

192. Crime Caper

Word list:
- [ ] HEIST
- [ ] THEFT
- [ ] LOOT
- [ ] GANG
- [ ] PLAN
- [ ] COPS
- [ ] MASKS
- [ ] SCAM
- [ ] HIDE
- [ ] CASH
- [ ] SPY
- [ ] TRAP
- [ ] JOB
- [ ] CREW
- [ ] RISK
- [ ] CODE
- [ ] FALSE
- [ ] TRICK
- [ ] VAULT
- [ ] JAIL

```
Y Z H J B Y U H R E S O K Z B
C E T I Q C E G V R S R E Q F
M E M E F V B N A U O L Q K T
A I P L A N J T G N Y R A W S
S T S W K S I R F P G L X F I
K R C S X B O J S C O P S Q E
S I D C N O D I P T L F K T H
Q C V A E N M T L I I M H O N
J K Z M D G I U A Y D T R A P
E U Y H O L A J T G H T J G O
W D R N C V Z Q F S H B E X Q
C E I L E K Y N A E S E J P T
O Q R H X E Q C F Z N Q X O Z
Z K L C G X C T U N Q I O M E
C P F M Z K A T S P X L U S Y
```

193. Whodunit Wonderland

- [ ] ALIBI
- [ ] SLEUTH
- [ ] DAGGER
- [ ] MURDER
- [ ] VICTIM
- [ ] PRIVATE
- [ ] SUSPECT
- [ ] MYSTERY
- [ ] WEAPON
- [ ] CLUE
- [ ] EVIDENCE
- [ ] GUILTY
- [ ] INNOCENT
- [ ] MOTIVE
- [ ] CRIME
- [ ] WITNESS
- [ ] DETECTIVE
- [ ] SECRET
- [ ] INTRIGUE
- [ ] REVEALED

```
D E L A E V E R N O P A E W R
T J I R R K G Y R V S Z Y M E
W D E T E C T I V E I T F N G
T N E C O N N I S A T C C J G
M Y S T E R Y O H L C Y T D A
A D E M I R C Q M E E G J I D
N W I T N E S S O R P U N Z M
I L Y T L I U G T E S Z T Q C
I X D C I N T R I G U E Y H N
N B L B X D A N V B S X R I S
J U I M K E C N E D I V E E E
E Q O L T E T A V I R P C S C
H F I K A M N H B O J A M L R
I L Q Z R E D R U M F M D S E
H P Z E Q W B Z I C J U L Q T
```

194. Suspense Safari

- [ ] HUNT
- [ ] JUNGLE
- [ ] LION
- [ ] EXCITEMENT
- [ ] ELEPHANT
- [ ] DANGER
- [ ] TRACKER
- [ ] SAFARI
- [ ] SHADOWS
- [ ] SNAKES
- [ ] LEOPARD
- [ ] OUTDOORS
- [ ] CHEETAH
- [ ] BINOCULARS
- [ ] TENSE
- [ ] UNSEEN
- [ ] MYSTERY
- [ ] ADVENTURE
- [ ] ROUGH
- [ ] FOREST

```
I E Q E K T Q S Y R E T S Y M
M N N L S D R A P O E L R W R
X D I E S W O D A H S B Y E O
O R R P I G T N U H R I Y L U
Z O A H A P I O G W E N R G G
F F F A B G U G R S G O R N H
A S A N D T L J N U N C W U L
K G S T D U B A H I A U S J I
S C L O Q T K C W L D L Q S C
V K O O Z E E S N E T A M K N
G R H A S E X L V C I R N K O
S C H E E T A H S F N S B X D
Z D T N E M E T I C X E Q P M
E R U T N E V D A O V O B K P
Y G R E K C A R T N E E S N U
```

195. Adventure Alley

Word list:
- ☐ MOUNTAIN
- ☐ CAMPING
- ☐ FOREST
- ☐ CLIMB
- ☐ RAPIDS
- ☐ CAVE
- ☐ HIKE
- ☐ TREK
- ☐ TOUR
- ☐ SAFARI
- ☐ DUNES
- ☐ WAGON
- ☐ MAP
- ☐ BOAT
- ☐ RAFT
- ☐ TRAIL
- ☐ GORGE
- ☐ SKIING
- ☐ CANOE
- ☐ JEEP

```
X X V N U H T J D V N G F H I
I G S I T A K E F U I M O K A
J U R R O U M E J J A J R L M
J H A B M Q X P R S T U E U I
S F W H G T R E K G N V S N V
T R B M I L C F V M U W T E W
O A W A U T M X V V O Y V Z F
R V T M A S B H N M M A W S C
K G N I I K S N P Q C A D A W
N S I D U N E S A F G I M R X
L H R G T P C W M O P P V S Z
A I A O O V A N A I M I H Q
V K F R U Z Y T R N U U U P A
O E A G R M M E G X C A N O E
Y E S E Q L I A R T D B O P P
```

196. Romance Road

Word list:
- ☐ LOVE
- ☐ KISS
- ☐ HUG
- ☐ ROSES
- ☐ DATES
- ☐ POEM
- ☐ CANDLE
- ☐ COZY
- ☐ ROMANTIC
- ☐ HEARTS
- ☐ PASSION
- ☐ FONDNESS
- ☐ CUDDLES
- ☐ SUNSET
- ☐ DINNER
- ☐ WINE
- ☐ CHOCOLATES
- ☐ SWEETHEART
- ☐ BLISS
- ☐ EMBRACE

```
M E O P S E T A L O C O H C L
E V O L T S E Y K D D A T E S
L E S W E E T H E A R T S R Q
C U D D L E S R O S E S A L A
V T L C I T N A M O R U W V I
G U H P R O H B B F P E A C P
F O K M C Y L V Y G N N L A E
C A Y F O I B O T I J O V N P
F S U N S E T V W C D I A D Q
R I Y S W R E N N I D S E L C
L C E C A R B M E Q Z S C E Y
W Y M S S I K N K R G A O P S
I S F O N D N E S S A Z Q W
R U P J O H E A R T S J Y Z X
F G X N I X X M C X C Q W L I
```

197. Fantasy Fun

- ☐ ELF
- ☐ DWARF
- ☐ MAGIC
- ☐ SCROLL
- ☐ QUEST
- ☐ DRAGON
- ☐ UNICORN
- ☐ SPELL
- ☐ WIZARD
- ☐ POTION
- ☐ CASTLE
- ☐ FAIRY
- ☐ KINGDOM
- ☐ WAND
- ☐ GOBLIN
- ☐ MYTH
- ☐ QUEST
- ☐ CHARMING
- ☐ CRYSTAL
- ☐ ENCHANT

```
B U E V N G N I M R A H C H H
F R A W D Y I H Z N H I V T C
P L A T S Y R C Y Z C T S G Q
Q U E S T W I J S I F G Y V X
Z Z P O T I O N G G M E N M O
J O L P X H O A G S M N I E J
N O G A R D M P R P O C J L U
N R W S B L Y W M E D H V T G
C A D R A Z I W D L G A U S O
K Y R I A F H Z S L N N H A B
V Q H F T B M K C U I T Y C L
C U Q Z W Z C O R C K W A K I
H E D E N A L C O Q M B Q N N
X S E L D Y N R L J C U J E B
L T E F M X N D L C J H X N T
```

198. Horror Hunt

- ☐ GHOST
- ☐ FEAR
- ☐ SCREAM
- ☐ HAUNT
- ☐ WITCH
- ☐ SCARE
- ☐ ZOMBIE
- ☐ SPOOKY
- ☐ PHANTOM
- ☐ NIGHTMARE
- ☐ MONSTER
- ☐ COFFIN
- ☐ EERIE
- ☐ CRYPT
- ☐ GOBLIN
- ☐ DEATH
- ☐ VAMPIRE
- ☐ SHADOWS
- ☐ TERROR
- ☐ FRIGHT

```
N I F F O C M N E C Z T Z W T
R K E P G Z W O W X U S C Y R
S E Q X I E S S T Z Y O R D O
Q Q T I T I P C O N X H Y Z R
T F H S S C R E A M A G P C R
D R A Y N M I E J R F H T P E
V I U M I O E P Z I E K P O T
G G N Q K R M J E I B M O Z S
L H T D I N I G H T M A R E H
B T W E G F C E R I P M A V A
C A W L G E Q L Z X E R U U D
D E O I Y A Z D D M U A R Z O
I D T I T R X Y K O O P S M W
Q H Y C B C G F H T I F A I S
S U Q Q U D H B N I L B O G L
```

199. Comedy Corner

- [ ] JOKE
- [ ] LAUGH
- [ ] GIGGLE
- [ ] CLOWN
- [ ] PUNCHLINE
- [ ] SITCOM
- [ ] PRANK
- [ ] HUMOROUS
- [ ] SLAPSTICK
- [ ] CARTOON
- [ ] FARCE
- [ ] STANDUP
- [ ] PARODY
- [ ] COMIC
- [ ] TRICK
- [ ] HILARITY
- [ ] SATIRE
- [ ] GUFFAW
- [ ] WIT
- [ ] JEST

```
P U N C H L I N E T J I Z O M
C S U O R O M U H I P F K C O
C E L G G I G M H W A N M G C
X C K S R S S X I R R K F U T
Y L C C M L T H X I O N S Z I
F O W A I B G A E Z D A Z O S
Z W A U R T F R N K Y R V X N
W N L X H T S Y Y D O P B E F
G T U G E N O P B C U J Q R A
Y N U T J N C O A R L P A I R
X A T C O M I C N L J E S T C
L D T W N M N Y B Z S P V A E
Z K U X Z D G C L X M J C S H
L I I V V K T R I C K L Z E V
Y T I R A L I H G U F F A W I
```

200. Drama Drive

- [ ] ACT
- [ ] SCRIPT
- [ ] ROLE
- [ ] SCENE
- [ ] PROP
- [ ] CUE
- [ ] DRAMA
- [ ] CAST
- [ ] MASK
- [ ] PLOT
- [ ] EXIT
- [ ] LIGHTS
- [ ] SET
- [ ] CREW
- [ ] SHOW
- [ ] CLAP
- [ ] STAGE
- [ ] PLAY
- [ ] ECHO
- [ ] VOICE

```
J F I Q O A D A C O I P P C O
T E X L V Q K T U G A T F Q F
P O D F J Z P G M Z P P E X Y
O M L W X I J I Z A S C P S T
R S S P R H G O O I S E L X O
P Z H C T K W E R C Y K A U Z
V S S O C C P A T N Q G Y L P
Y H B V A T I X E S N Y M X N
V Y C V L X D W P U A R B Y R
B U X D J R L O A N G C E E A
E D E S A F I H L V R Z N C Y
K W G M W E G S C O T L E E J
Y B A H E L H W X I D E C V I
M R T O J O T R V C Y H S O O
J X S J F R S I E E O Z S M N
```

Answers

Solution: 1

Solution: 2

Solution: 3

Solution: 4

Solution: 5

Solution: 6

Solution: 7

Solution: 8

Solution: 9

Solution: 10

Solution: 11

Solution: 12

Solution: 13

Solution: 14

Solution: 15

Solution: 16

Solution: 17

Solution: 18

Solution: 19

Solution: 20

Solution: 21

Solution: 22

Solution: 23

Solution: 24

Solution: 25

Solution: 26

Solution: 27

Solution: 28

Solution: 29

Solution: 30

Solution: 31

Solution: 32

Solution: 33

Solution: 34

Solution: 35

Solution: 36

Solution: 37

Solution: 38

Solution: 39

Solution: 40

Solution: 41

Solution: 42

Solution: 43

Solution: 44

Solution: 45

Solution: 46

Solution: 47

Solution: 48

Solution: 49

Solution: 50

Solution: 51

Solution: 52

Solution: 53

Solution: 54

Solution: 55

Solution: 56

Solution: 57

Solution: 58

Solution: 59

Solution: 60

Solution: 61

Solution: 62

Solution: 63

Solution: 64

Solution: 65

Solution: 66

Solution: 67

Solution: 68

Solution: 69

Solution: 70

Solution: 71

Solution: 72

Solution: 73

Solution: 74

Solution: 75

Solution: 76

Solution: 77

Solution: 78

Solution: 79

Solution: 80

Solution: 81

Solution: 82

Solution: 83

Solution: 84

Solution: 85

Solution: 86

Solution: 87

Solution: 88

Solution: 89

Solution: 90

Solution: 91

Solution: 92

Solution: 93

Solution: 94

Solution: 95

Solution: 96

Solution: 97

Solution: 98

Solution: 99

Solution: 100

Solution: 101

Solution: 102

Solution: 103

Solution: 104

Solution: 105

Solution: 106

Solution: 107

Solution: 108

Solution: 109

Solution: 110

Solution: 111

Solution: 112

Solution: 113

Solution: 114

Solution: 115

Solution: 116

Solution: 117

Solution: 118

Solution: 119

Solution: 120

Solution: 121

Solution: 122

Solution: 123

Solution: 124

Solution: 125

Solution: 126

Solution: 127

Solution: 128

Solution: 129

Solution: 130

Solution: 131

Solution: 132

Solution: 133

Solution: 134

Solution: 135

Solution: 136

Solution: 137

Solution: 138

Solution: 139

Solution: 140

Solution: 141

Solution: 142

Solution: 143

Solution: 144

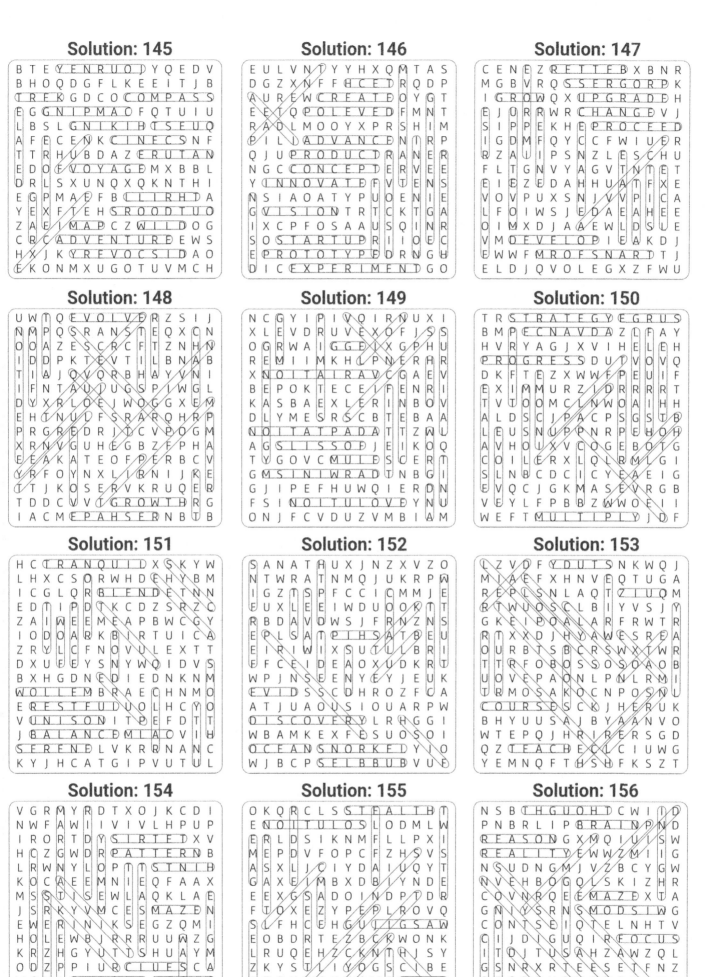

Solution: 157

Solution: 158

Solution: 159

Solution: 160

Solution: 161

Solution: 162

Solution: 163

Solution: 164

Solution: 165

Solution: 166

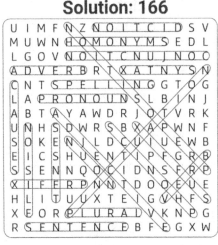

Solution: 167

Solution: 168

Solution: 169

Solution: 170

Solution: 171

Solution: 172

Solution: 173

Solution: 174

Solution: 175

Solution: 176

Solution: 177

Solution: 178

Solution: 179

Solution: 180

Solution: 181

Solution: 182

Solution: 183

Solution: 184

Solution: 185

Solution: 186

Solution: 187

Solution: 188

Solution: 189

Solution: 190

Solution: 191

Solution: 192

Solution: 193

Solution: 194

Solution: 195

Solution: 196

Solution: 197

Solution: 198

Solution: 199

Solution: 200

Made in United States
Orlando, FL
05 May 2025

61088025R00070